Andreas Fischerauer

# Essig & Senf

## Selbstgemacht

Stocker

Andreas Fischerauer

# Essig & Senf

## Selbstgemacht

Leopold Stocker Verlag
Graz – Stuttgart

**Umschlaggestaltung:**
DSR | Werbeagentur Rypka GmbH., 8020 Graz

**Bildnachweis:**
Titelbild und 17 Produktfotos: Bilderwerk, Beatrix Fiala, Wien
Bild Seite 35: www.goelles.at
Bild Seite 80: www.aeg.rv.bw.schule.de
Die restlichen Bilder im Textteil wurden freundlicherweise vom Autor zur Verfügung gestellt.



Bibliografische Information Der Deutschen Bibliothek
Die Deutsche Bibliothek verzeichnet diese Publikation in der Deutschen Nationalbibliografie; detaillierte bibliografische Daten sind im Internet unter http://dnb.ddb.de abrufbar.

Hinweis: Dieses Buch wurde auf chlorfrei gebleichtem Papier gedruckt. Die zum Schutz vor Verschmutzung verwendete Einschweißfolie ist aus Polyethylen chlor- und schwefelfrei hergestellt. Diese umweltfreundliche Folie verhält sich grundwasserneutral, ist voll recyclingfähig und verbrennt in Müllverbrennungsanlagen völlig ungiftig.

ISBN 978-3-7020-1165-9

4., komplett überarbeitete Auflage
Layout und Repro: DSR | Werbeagentur Rypka GmbH., 8020 Graz
Druck: Druckerei Theiss GmbH., A-9431 St. Stefan

# Inhalt

Apfelessig
holzfaßgereift

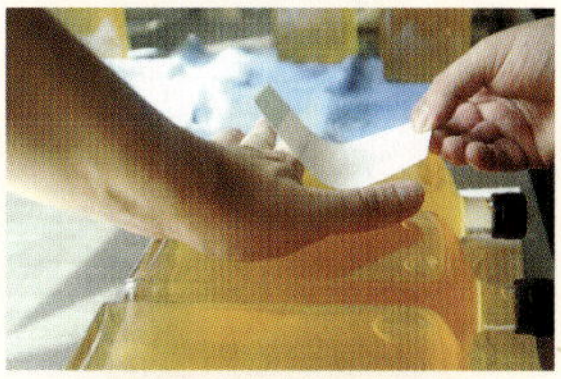

# Vorwort

Die Kunst, aus wohlschmeckenden Getränken Essig herzustellen, ist vielfach unerforscht; nicht selten entsteht Essig (unerwünschterweise) zufällig. Als Obstverarbeitungsberater musste ich oft feststellen, dass Essig häufig nur ein „Fehlprodukt" war oder dass er als „gewolltes" Produkt aus leicht fehlerhaften Ausgangsprodukten gewonnen wurde. Wegen der stark unterschiedlichen Geschmacksrichtungen und — vor allem oftmals unzureichenden — Säurewerten, die immer wieder zu Beanstandungen geführt haben, habe ich mich mit dem Phänomen „Essig" näher auseinandergesetzt. Dabei konnte ich feststellen, dass für die Herstellung eines guten Essigs vielen das nötige Wissen fehlt und dass besseres Rohmaterial verwendet werden müsste. Denn nur aus besten Ausgangsprodukten kann auch guter Essig erzeugt werden, der neben Salaten fast alle Speisen verfeinern kann. Weiters gibt es zahllose Möglichkeiten, den Geschmack des Essigs durch Kräuter, Gewürze und Früchte zu verändern oder zu veredeln. Und da fürs Mischen und Ansetzen nicht mehr als ein Liter Essig erforderlich ist, lohnt sich die Geschmacksveredelung auch im Haushalt.

Dieses Buch soll einen Einblick in die „Geheimnisse" der Essigbereitung, in die Auswahl und Verwertung der Ausgangsprodukte sowie die Verfeinerung des Essigs geben. Ich wünsche Ihnen viel Spaß und gutes Gelingen bei der Erzeugung von Essig und seiner Weiterverarbeitung zu Senf sowie beim Ausprobieren der Rezepte!

*Andreas Fischerauer*
*Frühjahr 2007*

Weinessig
Schilcher
Rotwein Essig
Brombeer-essig
UFC

# Einleitung



## Was ist Essig?

Jahrzehntelang war Essig in vielen Betrieben nur ein Zufallsprodukt. Und wenn er gezielt hergestellt wurde, so gelang seine Qualität manchmal hervorragend, und dann wieder wollte und wollte er nicht sauer werden. Das Wissen bezüglich der Essigbakterien war mangelhaft, die Essigerzeugung nur sehr schwer in den Griff zu bekommen. Damit die Essigbakterien überhaupt zu arbeiten beginnen können, muss die Ausgangsflüssigkeit einen gewissen Grundgehalt an Alkohol aufweisen. Dann können alkoholische und Essiggärung parallel ablaufen.

Dieser „richtig" vergorene Essig enthält so gut wie keinen Restalkohol mehr, schmeckt vorwiegend sauer und ist aus unserem Leben fast nicht mehr wegzudenken. Moderner Essig ist ein gezielt produziertes Lebensmittel, welches den gesetzlichen Anforderungen entspricht, das Aroma der verwendeten Früchte klar widerspiegelt und Speisen die elegante und feine Würze verleiht.

## Geschichte der Essigbereitung

Bewährtes Heil- und Genussmittel seit 8000 Jahren

Sie ist älter als die Menschheitsgeschichte, zumal es sich bei der Essiggärung um einen rein biologischen Vorgang handelt. Spuren von Essig wurden auf Gefäßen gefunden, wie sie die alten Ägypter und Chinesen verwendeten. Wir kennen Gefäße aus der Zeit um 6000 v. Chr., in denen noch Reste von Essig nachweisbar waren.

2000 Jahre später gibt es Überlieferungen aus Mesopotamien, in denen von „saurem Bier" die Rede ist. Dieses Produkt, von den Ägyptern „Hequa" genannt, wurde aus Gerste gebraut und durch den Essigstich

sauer. Später entdeckte der Mensch Essig als Konservierungsmittel und Heilgetränk. Die Babylonier legten ihre Jagdbeute in Essig ein, damit sie länger haltbar blieb, damit aber auch Unreinheiten – im symbolischen Sinn – entfernt wurden. Bereits in der frühen Menschheitsgeschichte war die heilende und desinfizierende Wirkung von Essig bekannt; in alten Schriften und Aufzeichnungen wird Essig als Lebenselixier bezeichnet, dessen Geruch die Lebensgeister wieder in Schwung bringt. Essig findet auch schon im Alten Testament, in den Sprüchen Salomons, Erwähnung: Wie Essig für die Zähne und Rauch für die Augen, ist der Faule für den, der ihn schickt (Erste Salomonische Spruchsammlung 10,26).

## Essig als wohlschmeckendes und gesundes Getränk

Im Buch Ruth wird in Essig getauchtes Brot erwähnt. Somit ist erwiesen, dass Essig bereits damals – bis in die Gegenwart hinein – als Getränk angesehen wurde (und großteils auch noch wird).

Schon in der Antike wurde Essig, vor allem im Orient und im Mittelmeerraum, mit Kräutern und Gewürzen versehen, um ihm als Getränk einen besseren Geschmack zu verleihen. Diese Kräuter-Essig-Mischungen wurden entweder mit Brot oder gleich als Getränk konsumiert. Oft wurden auch Fruchtsäfte oder verschiedene wohlriechende Öle als Zutaten zum Essig verwendet; das Getränk „Posca" etwa war eine Mischung aus Wasser und Essig. Diese Variante findet sich auch in der römischen Geschichte: Sie sollte besonders den Kriegern Kräfte und Gesundheit bringen. Die Legionäre mussten „Posca" als Desinfektionsmittel und Durstlöscher täglich trinken. „Posca" wurde auch Jesus am Kreuz verabreicht. Essig als Getränk ist für uns Menschen von heute vielleicht etwas schwer vorstellbar, doch war es auch hierzulande bis nach dem Ersten Weltkrieg üblich, Wasser-Essig-Mischungen zu sich zu nehmen. Einige Überlieferungen nennen als Mittel gegen den Durst eine Mischung aus gekochtem Apfelsaft mit Essig. Dieses Getränk wird noch heute in einigen Regionen Osteuropas getrunken. Fässer wurden, sofern sie nicht mit Harz ausgekleidet waren (wie es heute noch beim „Retsina" in Griechenland üblich ist), immer wieder mit Essig gereinigt. PLINIUS d. Ä. berichtet sogar, dass Fässer, in denen sich zuvor Essig befunden hatte, besseren Wein ergaben. (Diese Variante ist für unsere Qualitätsweine freilich nicht zu empfehlen!)

Er wusste auch zu berichten, dass sauer gewordener Wein keinen guten Essig ergibt, sondern nur ein schales Getränk, welches wie Essig mit Lauge schmeckt. Im Alten Rom wurde der Großteil des Essigs aus Wein hergestellt, da es andere Fruchtweine, wie wir sie heute kennen, noch nicht gab. Deshalb gibt es in Italien auch heute noch vorwiegend Weinessig. L. J. M. COLUMELLA, der bedeutendste Ackerbauschriftsteller des ersten nachchristlichen Jahrhunderts, berichtete in seinem Werk „De re rustica" sehr ausführlich über die Möglichkeiten, Essig herzustellen. Seine Ausgangsprodukte waren Wein, Feigen und Gerste.

Besonders bei ärmeren Familien konnte Essig oft Wunder wirken: in der Küche als erschwingliches Würzmittel für verschiedenste Speisen, aber auch zur Desinfektion offener Wunden, um den damals fast immer tödlichen Wundbrand zu verhindern. Im Imperium Romanum wurde Essig aber auch als Reinigungsmittel für Behälter verwendet, die der Aufbewahrung von Lebensmitteln dienten. Die Geschichtsschreiber berichten auch von einem blühenden Handel mit Essig und von den vielen verschiedenen Essigarten; besonders der ägyptische Essig, eine Art Malzessig, war sehr beliebt. Die Römer erkannten auch die konservierende Wirkung von Essig: Diverse Gemüsearten, Fische und Muscheln, aber auch Eier wurden in die „saure Würze" eingelegt. Nicht selten wurde der Rückstand mit Öl, Zwiebeln, Mehl, Gewürzen und Honig aufgekocht und entweder als Sauce oder als Getränk serviert.

Weinessig gab es schon im Alten Rom

Im Mittelalter diente Essig vorwiegend der Desinfektion. Mit ihm wurde der menschliche Körper verschiedensten Einreibungen unterzogen. Auch Behälter und Geräte, wie sie in der Medizin Verwendung fanden, wurden mit Essig gereinigt. Jahrhundertelang wollten die Mediziner viele Krankheiten mit Essig heilen bzw. die Ansteckungsgefahr bannen. Noch im 18. Jahrhundert versuchte man der Pest mit Essig beizukommen. Abgesehen davon genoss man mit größtem Behagen mit Essig versetzte Speisen. Vor allem das Einlegen von Gemüse in Essig und die Herstellung raffinierter Marinaden für Salate waren im Frankreich der damaligen Zeit sehr beliebt. Der Verkauf von Essig erfolgte direkt ab Straße, mittels so genannter Essigkarren, auf denen die jeweiligen Fässer mit unterschiedlichem Säuregehalt standen. Der Verkauf florierte derma-

Man versuchte sogar der Pest mit Essig beizukommen

*Louis Pasteur bewies, dass Bakterien Essig machen.*

ßen, dass bereits im 16. Jahrhundert die ersten Steuern für Produkte mit oder aus Essig eingehoben wurden.

Damals begann sich auch die Forschung für das Entstehen von Essig zu interessieren. Die Wissenschaft erkannte, dass aus dem Alkohol und der Säure des Weines Essigsäure entsteht, nachdem sich der Alkohol verflüchtigt und die Weinsäure zu Essigsäure verwandelt hat. Der französische Chemiker Antoine-Laurent DE LAVOISIER (1743–1794) entdeckte, dass Luft — beziehungsweise Sauerstoff — für die Entstehung von Essig unbedingt notwendig ist. Der englische Chemiker Sir Humphrey DAVY (1778–1829) fand schließlich die chemische Gleichung für diesen Prozess, dessen Ursache er noch nicht genau definieren konnte; seine Thesen stützten sich auf einen chemisch-elektrischen Prozess im Zusammenhang mit der Stickstoffumwandlung durch Sauerstoff. Allerdings vermutete er bereits, dass an dieser Umwandlung Bakterien beteiligt sein könnten. Seine Entdeckung gilt als wegweisend, da er als erster erkannt hatte, dass aus Alkohol Essigsäure als Gärungsprodukt entsteht.

Erst der Franzose Louis PASTEUR (1822–1895), der Vater der Mikrobiologie, bewies, dass Bakterien den Essig machen. Sie leben an der Oberfläche des Weines und benötigen Sauerstoff. Pasteur entdeckte auch, dass sich diese Bakterien zu einer festen Haut zusammenfügen. Die wissenschaftliche Erkenntnis, dass Bakterien am Entstehen von Essig maßgeblich beteiligt sind, hielt die Bevölkerung vom Konsum und der Anwendung des Essigs in Medizin und Volksheilkunde nicht ab. Wie aus der Literatur hervorgeht, sollen sogar die „Riechsalzfläschchen" jener feinen Damen, die sich durch Ohnmacht kleinen Problemen entzogen, manchmal mit Essig gefüllt gewesen sein. Im Allgemeinen bestand „Riechsalz" jedoch aus Ammonium- und Kaliumcarbonatkristallen, die mit ätherischen Ölen vermengt waren.

Altbewährt: Essigwickel zur Fiebersenkung

Auch die moderne Hausmedizin kennt den Essig als Heilmittel: Vielen von Ihnen werden Essigwickel zur Fiebersenkung sowie das Inhalieren mit Essigwasser gegen Husten bekannt sein.

Erst in unserem Jahrhundert wurde mit der Herstellung der unterschiedlichen Essigarten, insbesondere von Gewürzessigen, aber auch von Spritessig aus Alkohol und anderen hochprozentigen Essigarten zum Strecken von gutem Essig begonnen. Heute unterscheiden wir verschiedene Gruppen von Essig, wobei nur die besten Produkte in unsere Küchen Eingang finden sollten, weniger hochwertige Essige können zum Einlegen von Früchten verwendet werden. Trotz dieser langjährigen Erfahrungen ist hierzulande bei den meisten bäuerlichen Betrieben nur ein sehr geringes Wissen über die Essigbereitung feststellbar. Dies findet in der Technologie seinen Niederschlag, die nicht selten aus dem vergangenen Jahrhundert stammt. Sogar innovativere Betriebe, die mit Gärständern arbeiten, verwenden nach wie vor eine Technologie, die bereits um 1930 beschrieben wurde.

# Verwendungsmöglichkeiten von Essig

## Essig als Speisewürze

Essig als Speisewürze finden wir in vielen Bereichen unserer Nahrung. Früher war dies verhältnismäßig einfach, da nur wenige Essigsorten angeboten wurden. Hauptaufgabe des Essigs war es, Speisen nur sauer zu machen. In den wenigen Fällen, in denen Essig eine Verbesserung des Geschmacks mit sich bringen sollte, wurde er mit Gewürzen versetzt. In einem gut bestückten Feinkostladen können wir heute zwischen etlichen Geschmacksrichtungen und Essigarten aus vielen Ländern wählen. Auch regionale Trendprodukte in unterschiedlichsten Qualitäten, wie es etwa bei Balsamico der Fall ist, bereichern die Regale in Supermärkten und Küchen. Dies erschwert zwar die Auswahl, bietet der modernen Küche aber neue Möglichkeiten. Besonders deutlich lässt sich dies bei Salaten feststellen: Ohne Essig, etwa mit Zitronensäure gewürzt, fehlt der feine Ton und die vollständige Abrundung. Jeder Essig eröffnet bei ein und demselben Salat völlig neue Geschmacksrichtungen. Die verschiedenen Fruchtessige bieten auch noch die Möglichkeit, den Salat mit den unterschiedlichsten Aromen zu versetzen. Somit stehen heute dem Profikoch, aber auch dem Hobbyküchenchef unendlich viele Variationsmöglichkeiten offen.

Die Qual der Wahl: Neue Sorten und Geschmacksrichtungen füllen die Regale

Doch nicht nur für wohlschmeckende Salate ist Essig von großer Wichtigkeit. Was zum Beispiel wäre ein Gulasch ohne die harmonische Würze eines wohlschmeckenden Essigs? Auch Mayonnaise, Senf (Mostrich), Ketchup und Chutney sowie viele andere Zuspeisen könnten ohne Essig nicht bestehen. Es würde uns fehlen, könnten wir nicht unsere eingelegten sauren Gemüsevariationen im Winter verzehren (doch darüber in einem eigenen Kapitel).

Essig dient nicht nur als Mittel der Verfeinerung für salzige oder säuerliche, sondern auch für eine der typischsten österreichischen Süßspeisen: Wie würde wohl der Teig für einen Apfelstrudel ohne einen Schuss Essig schmecken?

## Essig als Konservierungsmittel

Das Einlegen von Früchten, Gemüse, Pilzen und Wildpflanzen zählt zu den ältesten Konservierungsmethoden. „Industriell" hergestellte Einlegeprodukte werden mit Weingeist- oder Alkoholessig hergestellt. Dieser Essig ist geschmacksneutral, was eine gleichbleibende Qualität ermöglicht. Im Haushalt und bei kleinen Betrieben ergeben sich durch die Vielfalt an Essigen und die Vielfalt an Einlegbarem große Möglichkeiten, auch eigenständige Produkte mit regionalem Charakter zu entwickeln. Außer-

Je saurer eine Flüssigkeit ist, desto weniger Keime überleben

dem schmecken diese selbst eingelegten Konserven oftmals deutlich besser. Wegen der konservierenden Wirkung, die Essig aufweisen muss, ist auch der Mindestsäuregehalt bei verkaufsfertigem Essig anzugeben. Wäre der Säuregehalt zu niedrig, würden bei entsprechender Verdünnung seine konservierenden Eigenschaften verloren gehen. Im Rezeptteil finden Sie einige Ideen für das Einlegen von Gemüse.

## Essig als Reinigungsmittel

Erst in den letzten Jahren hat Essig als Reinigungsmittel wieder Bedeutung erlangt. Durch die chemische Industrie, die uns in der Hygiene lange Jahre mit hervorragenden Wirkstoffen unterstützt hat, geriet Essig als Putzhilfe in Vergessenheit. Infolge eines erhöhten Umweltbewusstseins, aber auch unserer Gesundheit zuliebe kam es in letzter Zeit zu einer Trendumkehr zu mehr naturnahen Wirkstoffen, so dass Essig seine Bedeutung als Reinigungsmittel wieder zurückerhielt. Er gilt als Reinigungsmittel, wo andere Möglichkeiten längst versagt haben. Besonders im WC – jenem Bereich, in dem wir die meisten chemischen Reiniger einsetzen – ist Essig von großer Effektivität. Die meisten Reiniger im Sanitärbereich, wo Kalkränder zum Verschwinden gebracht werden sollen, können durch Essig ersetzt werden. Gleichzeitig werden durch Essigsäure etliche Bakterien bekämpft. Auch für die Fensterreinigung wird Essig verwendet. Außerdem kann glatten Flächen, aber auch Holzböden mit etwas Essig zu neuem Glanz verholfen werden; von der desinfizierenden Wirkung ganz zu schweigen. Mit Essig bekämpft man außerdem die meisten Flecken im Haushalt.

Preiswertes Allzweckmittel im Haushalt

Auch seine Wirkung als Weichspüler soll nicht unerwähnt bleiben. Essig bindet die Härtebildner des Wassers und ersetzt somit oft teure Weichspüler. Gleichzeitig entfernt er aber auch Fremdgerüche, ohne dass sein Eigengeruch in der Kleidung verbleibt. Dadurch können Sie jederzeit in mit Essig gereinigter Wäsche in der Öffentlichkeit auftreten — Sie werden ganz gewiss nicht „säuerln“.

## Essig als Medizin

Da Essig schon seit Jahrhunderten in der Medizin verwendet wird, sollen hier nur kurz dessen Auswirkungen erläutert werden.

Die meisten Lebewesen produzieren in ihrem Körper selbst Essigsäure — eine Erkenntnis, die dem Biochemiker Hans A. KREBS 1953 den Nobelpreis für Medizin einbrachte. Er konnte beweisen, dass in beinahe allen körperlichen Vorgängen als Zwischenprodukt immer wieder Essigsäure entsteht.

Der Konsum von Essig wirkt auf den menschlichen Stoffwechsel anregend, vor allem appetitsteigernd. Die Essigsäure regt die Sekretion der

Speicheldrüsen an; diese reagieren mit erhöhtem Speichelfluss. Somit kommt es bereits vom Mund weg zur besseren Verdauung. Essigsäure wirkt verstärkt auf den Abbau von Fetten und Kohlenhydraten ein; sie ist für diese Vorgänge sogar unabdingbar und wird dafür vom menschlichen Körper selbst produziert.

**Auch unser Körper produziert Essigsäure**

Die natürlichen Eigenschaften des Essigs beleben den Organismus. Wegen seiner Inhaltsstoffe wirkt er nicht nur vorbeugend, sondern hilft auch bei vielen Krankheiten. Essigsaure Tonerde bei Verstauchungen und Blutergüssen ist vielen Sportlern ein Begriff. Obwohl Essig ein traditionelles Heilmittel ist, ist bei äußerlicher Anwendung immer zu beachten, dass durch den Säuregehalt bei nicht ausreichender Verdünnung Hautreizungen möglich sind.

**Welche Essigarten gibt es?**
**Wie entsteht Essig?**

# Kleine Essigkunde

> Essig kann auch ohne großen Aufwand in Haushaltsmengen hergestellt werden

Viele Menschen, die Interesse an natürlichen Vorgängen haben, wollen aus selbsterzeugtem Wein oder Obstwein schmackhaften und fruchtigen Essig für den Eigenbedarf produzieren. Falls es sich dabei um nur geringe Mengen handelt, sind größere Investitionen oft nicht gerechtfertigt. Für den Hausgebrauch eignen sich Glasballons ab einer Größe von 5 Liter sehr gut, so dass nur wenig Gerätschaft angeschafft werden muss. Bei genauem und reinlichem Vorgehen kann damit guter Essig hergestellt werden. So können auch Weine, die zwar in Ordnung, aber nicht mehr hervorragend sind, verarbeitet werden. Unsere kleine Essigkunde versucht kurz und prägnant, die wichtigsten Arbeitsschritte sowie die Besonderheiten der Essigbereitung zusammenzufassen und zu erläutern.

*Verschiedene Apfelessige*

# Welche Essigarten gibt es?

Im Rahmen der Kleinproduktion unterscheiden wir zwischen Gär- und Ansatzessig.

## Gäressig

Gäressig entsteht durch Oxidation aus einer alkoholhältigen Flüssigkeit. Vielfach bilden die für diesen Vorgang verantwortlichen Bakterien neben Essigsäure auch Zellulose. Ausgangsprodukt kann ein guter Obstwein aus Äpfeln, Birnen, Kirschen oder anderem Obst sowie guter Wein sein. Wichtig ist prinzipiell ein fehlerfreies Ausgangsprodukt, denn sonst kann kein guter Gäressig entstehen. Der fertige Essig schmeckt nämlich überwiegend nach dem Ausgangsprodukt: Apfelessig nach Apfelmost oder Rotweinessig nach Rotwein. Zu Gäressig kann im Grunde genommen jedes Obst und jedes Gemüse verarbeitet werden, das zu Wein vergärbar ist.

Für guten Gäressig benötigt man fehlerfreie Ausgangsprodukte

## Ansatzessig

Ansatzessig – im Hauskeller wahrscheinlich häufiger zu finden – ist die einfachste Möglichkeit, guten, anders schmeckenden Essig zu erhalten. Dabei wird ein bereits fertiger Essig mit Zusatzstoffen versetzt, die ihm einen völlig neuen Geschmack verleihen. Die Geschmacksänderung kann auch ganz dezent erfolgen. Wir unterscheiden zwei Gruppen:

Ansatzessig mit Aroma: Bei diesem wird ein möglichst neutral schmeckender Essig, wie Weißwein- oder Apfelessig, mit einem neuen Aroma und einer neuen Farbe versetzt. Die Veränderung erfolgt durch Zugabe von diversen natürlichen Geschmacksträgern. Der Fantasie sind hier kaum Grenzen gesetzt, vom Apfel bis zur Zimtrinde sind alle Geschmacksrichtungen möglich (siehe Rezeptteil). Sehr beliebt sind die verschiedenen Fruchtaromen, da sie dem Essig neben einem verfeinerten Geschmack auch eine neue Farbe verleihen.

Ansatzessig mit Kräutern: Kräuteressig ist bereits recht häufig auf vielen Märkten zu finden. Bei dieser schon sehr lange üblichen Variante wird ebenfalls durch Ansetzen von Geschmacksträgern aromatisiert. Gartenfrische Kräuter werden für eine bestimmte Zeit mit Essig angesetzt und nach einer bestimmten Standzeit wieder abgeseiht. Der Essig nimmt dabei den Geruch und den Geschmack der Kräuter an, und es entsteht ein neues Produkt. Ansatzessig, in dem noch Kräuter enthalten sind, eignet sich auch sehr gut als Geschenk, das aus dem eigenen Keller stammt.

*Salbei eignet sich gut zum Ansetzen*

# Wie entsteht Essig?

Essig ist ein absolut natürliches Produkt, das überall in der Natur vorkommt. Dabei werden, wie erwähnt, alkoholische Verbindungen durch natürlich vorkommende Bakterien zu Essigsäure umgewandelt. Bei einigen Verfahren werden die Bakterien durch Bildung einer Haut, der sogenannten „Essigmutter", an der Oberfläche sichtbar.

Bei der Essigsäuregärung entsteht aus einem Volumprozent Alkohol etwa ein Prozent Essigsäure, was für das Schätzen des Säuregehaltes im entstehenden Essig wichtig ist. Je alkoholischer das Ausgangsprodukt ist, desto saurer wird der fertige Essig.

Ein Volumprozent Alkohol entspricht ca. einem Prozent Essigsäure

Essig entsteht oftmals ohne unser Zutun; damit er aber auch gut wird, sollte bei einem Bekannten, der bereits Essig produziert, eine kleine Menge gekauft werden, damit bereits eine gewisse Menge an Bakterien von Beginn an dabei ist. Dadurch wird aus dem Alkohol rascher Essig. Beinahe alle Bakterien lieben die Wärme, so auch unsere Essigbakterien. Damit sie sich ideal vermehren können und der Essig auch gut schmeckt, sollten wir möglichst immer eine Temperatur von etwa 25 °C halten.

# Die Essigherstellung im Haushalt

Vor der Gärung

Die Essiggärung ist eine Oxidation!

Nach der Gärung

## Vor der Gärung

■ Das Ausgangsprodukt muss fehlerfrei sein und sollte keinen Fremdgeschmack aufweisen, damit der Geschmack des Essigs nicht beeinflusst wird.

■ Behälter, in denen Essig hergestellt wird, müssen sauber und lebensmittelecht sein. Behälter aus Kunststoff sind nicht immer säurebeständig. Am besten eignen sich Holzfässer und Glasflaschen ab einer Füllmenge von fünf Liter.

Holz- und Glasbehälter sind optimal für die Essigbereitung

■ Der Behälter wird zu zwei Dritteln mit Most oder Wein gefüllt und dann mit etwa einem halben Liter trübem Essig versetzt, der bereits gärt. So beginnen Most oder Wein schnell zu gären und verderben nicht.

■ Weinessig oder Weine mit einem Alkoholgehalt über 7 % vol. sollten auf etwa 7 % vol. verdünnt werden. So kann die Essigstartkultur leichter zu arbeiten beginnen, und der Essig ist schneller fertig.

## Die Essiggärung ist eine Oxidation!

Die Gärung sollte bei einer Temperatur von mindestens 25 °C erfolgen, denn bei dieser Temperatur vergärt der Most sehr schnell zu Essig. Die beste Jahreszeit für die Essigbereitung ist daher der Sommer, wobei aber immer darauf zu achten ist, dass der gärende, halbfertige Essig nie in der Sonne steht und vor Insekten geschützt ist. Die Umwandlung einer alkoholischen Flüssigkeit dauert unterschiedlich lange: je nach Bedingungen, Produktionsmethode und Alkoholgehalt von 24 Stunden bis zu zwei Jahren.

**Eigentliche Gärung durch Hefe unter Sauerstoffausschluss! Essigbakterien oxidieren Alkohol**

■ Während der Gärung ist das Einbringen von Luft notwendig, denn durch zu wenig Sauerstoff sterben die Bakterien ab, und es findet keine Essigsäuregärung statt. Die Sauerstoffeinbringung sollte täglich entweder durch ein kurzes Öffnen und anschließendes Schütteln des Behälters erfolgen oder durch eine kleine Pumpe. Sehr gut eignen sich dafür Aquarienpumpen, da sie die Flüssigkeit in Bewegung halten und so den Gärungsprozess beschleunigen. Durch Umrühren würde die Essigmutter unter die Flüssigkeit getaucht, was den Gärprozess verlangsamt.

■ Sobald der Essig den gewünschten Geschmack aufweist, wird er – bis auf einen Rest von etwa einem Drittel – aus dem Behälter genommen und dieser dann neuerlich mit Most oder Wein (der vorher auf die Hälfte verdünnt wurde) befüllt. Sollte einmal kein Essig benötigt werden, so wird etwas alkoholhaltige Flüssigkeit eingefüllt und bei unter 10 °C gelagert, denn bei dieser Temperatur arbeiten die Bakterien nicht, können aber rund sechs Wochen überleben. Danach kann es notwendig sein, mit einer neuen Startkultur zu beginnen.

■ Eine sehr stark wachsende Essigmutter (Haut aus Essigsäurebakterien) sollte unbedingt aus dem Behälter entfernt werden, da sonst vor allem jene Bakterien übrig bleiben, die Zellulose produzieren, und die Essiggärung deutlich länger dauert.

*Verschiedene Behälter zur Essigbereitung*

# Nach der Gärung

■ Der nunmehr fertige Essig wird noch etwa zwei Wochen lang gelagert, damit ein eventuell vorhandener restlicher Alkohol vergären kann. Dadurch wird der Essig noch runder und schmeckt harmonischer.

■ Dann wird der Essig geklärt, damit in der Flasche an der Oberfläche keine „Haut" entsteht. Hierzu verwendet man feine Filter, wie sie auch in Labors verwendet werden, bzw. eignen sich Faltenfilter besonders gut; diese sind in Drogerien erhältlich. Etwas größere Mengen können auch mit kleinen Schnapsfiltern filtriert werden. Diese Investition ist allerdings nur dann sinnvoll, wenn der Filter öfter verwendet wird.

Nach zwei Wochen wird der Essig gefiltert

■ Die vorhin erwähnte Haut kann auch durch Filtern und Erhitzen des Essigs auf 55 °C verhindert werden. Damit ist auch gewährleistet, dass sich beim Ansetzen mit Früchten oder Kräutern keine Haut in der Flasche bildet.

## Die Flaschenfüllung

■ Fertiger und geklärter Essig sollte immer in Flaschen gelagert werden. Der Essig kann entweder warm abgefüllt werden (dabei entsteht in der Flasche immer ein Satz) oder kalt, was die einfachere Methode ist und außerdem auch den Geschmack nicht beeinträchtigt.

■ Die Flaschen müssen vor der Befüllung sauber gewaschen und ausgetrocknet werden. Als Reinigungsmittel kann man die üblichen Geschirrspülmittel verwenden. Wichtig ist, dass die Flaschen mit heißem Wasser gespült werden, damit eventuell vorhandene Schimmelpilze und unerwünschte Bakterien abgetötet werden.

Sauber abgefüllt und richtig gelagert, ist Essig jahrelang haltbar

■ Die Abfüllung kann mittels Schlauch oder durch einfache Füller erfolgen. Sehr gut eignen sich dafür kleine Vakuumfüller, die zusammen mit kleinen Schnapsfiltern verwendet werden können. Auch hier ist die Anschaffung dieser Filter nur dann wirtschaftlich sinnvoll, wenn wenigstens einmal jährlich Essig produziert wird.

■ Die Flaschen müssen möglichst voll gefüllt werden, denn auch dadurch wird eine Hautbildung an der Oberfläche verhindert.

■ Kühl und dunkel gelagert, behält fertiger Essig mehrere Jahre lang Farbe und Geschmack. Ist eine längere Aufbewahrung geplant, so empfiehlt es sich, den Essig gleich in größere Gebinde zu füllen. Durch die lange Lagerung klärt sich der Essig fast vollständig, so dass teilweise die Filtration unterbleiben kann. Zu beachten ist nur, dass sich rote Essige teilweise braun verfärben und daher rasch in Flaschen gefüllt werden sollten.

**Was ist zu beachten?**
**Entstehung von Essig – das Ausgangsprodukt**
**Essigsäurebakterien**
**Die Erzeugung von Essig**

# Grundlagen der Essigbereitung

Einige Grundkenntnisse über die chemischen Vorgänge während des Gärungsprozesses sowie in Mikrobiologie erleichtern die Herstellung hochwertigen Essigs.

## Was ist zu beachten?

### Wissen um die Lebensbedingungen der Organismen

Die speziellen Eigenschaften und Milieuanforderungen der Hefen (bei der alkoholischen Gärung = ohne Sauerstoff) und der Bakterien (bei der Essigsäuregärung = mit Sauerstoff) muss man kennen, damit man ein qualitativ hochwertiges Produkt erhält. Denn nur unter besten Voraussetzungen ist eine wirklich vollständige Vergärung möglich.

### Verhinderung von Schädlingsbefall und Verderb

Erwünschte Bakterien fördern und unerwünschte vermeiden

Alle unvergorenen Zwischenprodukte sind nicht nur für Hefen, sondern auch für viele andere Mikroorganismen geeignete Lebensräume. Um Qualitätsbeeinträchtigungen zu vermeiden, muss das Aufkommen von „Schädlingen“ verhindert werden. Bereits durch einfachste Maßnahmen, wie Erhitzen oder Kühlen, erzielt man einwandfreie Produkte. Wichtig ist auch das Zuführen von Luft (Sauerstoff).

## Sauberhalten der Betriebsräume und Anlagen

Die Reinigung und Desinfektion der Betriebsräume und Anlagen wird nur dann effektiv sein, wenn die Verursacher der Verschmutzung erkannt werden. Gleichzeitig wird damit auch eine Schädigung des Produktes (Essig) verhindert. Sauberkeit ist besonders dann wichtig, wenn die Geräte auch noch für andere Lebensmittel verwendet werden, da sonst „ungewollt" Essig produziert werden könnte. Nur bei absoluter Reinlichkeit wird man Qualitätsprodukte erhalten. Wir dürfen bei der Essigbereitung nie vergessen, dass Essig ein hochwertiges Lebensmittel ist. Außerdem ist es auch gesetzlich vorgeschrieben, die Räume entsprechend zu reinigen. Dafür benötigt der Betrieb einen Reinigungsplan und Aufzeichnungen zur Durchführung der Reinigung.

## Einhalten der gesetzlichen Anforderungen

Wer in Europa Lebensmittel in Verkehr setzen möchte, hat eine große Anzahl an Gesetzen und Vorschriften zu beachten. Diese betreffen nicht nur das Erzeugnis direkt, sondern unter anderem auch die Ausstattung der Betriebsstätten und die Produktionsbedingungen. Es ist daher wichtig, sich vor Produktionsbeginn mit den rechtlichen Anforderungen auseinanderzusetzen. Grundsätzlich lauten die Richtlinien: leicht zu reinigen, desinfizierbar, insektensicher und sauber. Spezielle regionale Verordnungen können auch mit dem Beratungsdienst oder den Kontrollstellen abgeklärt werden.

Wer Essig verkaufen will, muss die entsprechenden Vorschriften und Gesetze kennen

# Die Entstehung von Essig — das Ausgangsprodukt

Die Entstehung von Essig ist ein natürlicher, biochemischer Umwandlungsprozess, der durch Bakterien erfolgt. Bei diesem Vorgang wird, wie schon erwähnt, Sauerstoff benötigt. Die meisten sauerstoffliebenden Mikroorganismen wandeln Kohlenhydrate im Atmungsstoffwechsel zu Kohlendioxid und Wasser um. Diese Form der Umwandlung, bei der keine anderen organischen Verbindungen ausgeschieden werden, wird als vollständige Oxidation bezeichnet.

Essig entsteht durch unvollständige Oxidation

Bei der Essigproduktion spricht man von einer *unvollständigen Oxidation,* da nur unvollständig oxidierte Endprodukte (wie Essigsäure, Gluconsäure, aber auch Zitronensäure) entstehen. Wegen der Ähnlichkeit derartiger Endprodukte mit durch Gärung entstandenen Stoffen spricht man hier bei unvollständigen Oxidationen auch von „oxidativen Gärungen" oder „aeroben Fermentationen", daher auch die Ausdrücke „Gärbehälter" und „Fermenter".

# Essigsäurebakterien

Essig entsteht aus Zuckerarten und Alkohol durch zwei Gruppen natürlich vorkommender Bakterien.

Nur zwei Gruppen von Bakterien produzieren hochwertigen Essig

- *Acetobacter* sind gramnegative, nur schwach bewegliche, farblose Stäbchen. Sie leben hauptsächlich auf Pflanzen, die zuckerhaltige Säfte ausscheiden, in Gesellschaft mit Hefezellen, die für die Gärung benötigt werden. Sie sind zirka 1/1000 mm groß.
- *Gluconobacter* sind Stäbchenbakterien mit Geißeln, schwach beweglich, farblos und weisen eine hohe Säuretoleranz auf. Sie kommen ebenfalls mit Hefe gemeinsam vor und sind ungefähr gleich groß wie Acetobacter-Bakterien.

Die Bildung der Essigsäure und der Gärungsnebenprodukte erfolgt durch Enzyme in der Außenhaut der Zellmembran dieser Bakterien.

Nicht alle Stämme sind aber für die Essigproduktion geeignet, denn in beiden Gruppen kommen Bakterien vor, die, nachdem sie Essig produziert haben, nicht aufhören, den Essig weiter umzuwandeln. Diese Überoxidierer (Peroxidanten) erzeugen einen sehr schal schmeckenden Essig, der zum Würzen nicht geeignet ist, da er die Geschmacksprüfung nicht besteht. Außerdem überdeckt der Eigengeschmack etlicher Speisen den Geschmack dieses Essigs. Unteroxidierer (Suboxidanten) hingegen stellen nach der Essigsäureproduktion ihre Tätigkeit ein.

Treten öfter Probleme mit schal schmeckendem Essig auf, wird es notwendig sein, die Bakterien auf ihre Wirkung hin zu untersuchen. Diese Untersuchung erfolgt in einem Labor.

## Bestimmen der Bakterienarten

Mittels Bakterienkultur kann die Bakterienart bestimmt werden

Die Kontrolle der einzelnen Bakterienarten erfolgt mit Hilfe einer Bakterienkultur. Dabei werden die Bakterien auf einen milchig-trüben Kreide-Agar-(Ethanol-Hefeextrakt-Calciumcarbonat-)Nährboden aufgebracht, der den Essigbakterien als Nahrungsgrundlage dient. Dafür sind allerdings sterile Bedingungen nötig, damit keine anderen Kulturen anwachsen können. Die aufgebrachten Bakterien wachsen sich zu Kolonien aus. Durch die Säureausscheidung der Bakterien kommt es rund um diese Kolonien zur Auflösung des Calciumcarbonates, und es entsteht ein deutlich erkennbarer klarer Bereich (Hof). Bleibt dieser Hof, so haben wir es mit Suboxidanten zu tun, die für die Essigherstellung gut geeignet sind. Trübt sich dieser Hof nach einiger Zeit wieder ein, so wurde die Säure weiteroxidiert, und es bildet sich wieder sichtbarer Kalk (Calciumcarbonat). Dabei haben wir es dann mit Überoxidierern zu tun, die für die Essigbereitung nicht geeignet sind.

Zwischen beiden Bakteriengruppen gibt es aber viele Übergangsformen, was die Bestimmung etwas erschwert. Soll allerdings eine bestehende Essigmutter (das ist, wie gesagt, eine Haut, die sich bei offenen Gärverfahren an der Oberfläche bildet; sie besteht aus Essigsäurebakterien) auf ihre biologische Tätigkeit hin untersucht werden, so ist diese Untersuchung vollkommen ausreichend.

# Die Erzeugung von Essig

Bei der Erzeugung von Essig unterscheiden wir zwei große Verfahren, die zwar chemisch auf derselben Grundlage basieren, allerdings vollkommen unterschiedlich ablaufen.

## Die synthetische Herstellung

Essigsäure wird durch katalytische Oxidation von Acetaldehyd erzeugt, welcher aus Acetylen, einem Stoff aus der Erdölchemie, gewonnen wird. Diese chemisch reine Essigsäure wird auf eine Säure mit einem Gehalt von 60–80 % verdünnt und ist dann als Essigessenz erhältlich. Essigessenz ist eine stark ätzende Flüssigkeit; sie wird als Reinigungs- und Lösungsmittel verwendet.

Synthetischer Säureessig für die Lebensmittelindustrie

Für Speiseessig wird die Essenz mit Wasser auf einen Säuregehalt von 6–15 % herabgesetzt und dann unter der Bezeichnung „Säureessig" verwendet. Dieser Essig wird vorwiegend von der Lebensmittelindustrie zum Einlegen von Gemüse und von Fisch beziehungsweise als Konservierungsmittel eingesetzt.

## Die mikrobiologische Herstellung

Alle essigsäurebildenden Bakterien können aus Zucker oder Alkohol Säuren bilden, bei diesen Bakterien eben hauptsächlich Essigsäure. Als Nebenprodukte dieses Stoffwechselvorganges entstehen noch andere Säuren, je nachdem, welche Zucker im Ausgangsprodukt vorhanden waren. Für uns ist nur die Herstellung aus alkoholhältigen Flüssigkeiten interessant.

Das Schema der Essigsäuregärung sieht dabei folgendermaßen aus:

**Vollständige Essigsäuregärung**

| $CH_3CH_2OH$ | + | $O_2$ | → | $CH_3COOH$ | + | $H_2O$ | + | 494 kJ |
|---|---|---|---|---|---|---|---|---|
| Ethanol | | Sauerstoff | | Essigsäure | | Wasser | | Wärme |

Ist zuwenig Sauerstoff in der zu vergärenden alkoholischen Flüssigkeit vorhanden, wird nicht oder nur unvollständig weiteroxidiert. Dies führt dazu, dass noch ein Restalkohol vorhanden ist, der den gesetzlichen Höchstwert überschreitet, somit darf dieser Essig nicht verkauft werden. Außerdem geht durch die lange Gärzeit meist auch das Aroma des Grundproduktes verloren.

Ausreichende Sauerstoffzufuhr ist bei der Essigbereitung unerlässlich

## Wieviel Alkohol ergibt wieviel Essig?

Wie bereits erklärt, entsteht aus Alkohol Essigsäure. Die jeweilige Menge Essigsäure ergibt sich aus dem ursprünglich vorhandenen Alkoholgehalt.

Theoretisch ergeben:

1 ml Alkohol = 1,036 g Essigsäure und 1 g Alkohol = 1,3 g Essigsäure

Da aber während der Essigsäuregärung auch andere Stoffe entstehen können, kann man in der Praxis rechnen, dass 1 Volumprozent Alkohol zirka 1 % Essigsäure ergibt.

### Die Alkoholbestimmung

Bei der Essigbereitung zählt die Bestimmung des Alkohols zu den wichtigsten Tätigkeiten: Einerseits wegen des zu erwartenden Essigsäuregehalts, andererseits darf nur eine bestimmte Restmenge an Alkohol im fertigen Essig verbleiben.

Bestimmen Sie zuerst den Alkoholgehalt der Ausgangsflüssigkeit

Es gibt zwei Möglichkeiten, den Alkoholgehalt im Most oder Wein zu bestimmen:

1. mittels Ebullioskop
2. durch Destillation nach Rebelein

Beide Varianten sind sehr aufwändig und sollten wegen relativ hoher Anschaffungskosten nur bei intensiver Essigproduktion ab ca. 70 Litern jährlich angewandt werden. Bei kleineren Produktionsmengen kommt die Untersuchung in einem Labor meist billiger.

Die Alkoholbestimmung mittels Ebullioskop basiert auf der unterschiedlichen Siedetemperatur von Wasser und Alkoholmischungen. Mit einem Thermometer wird die Abweichung von Alkohol gegenüber Wasser und somit der Alkoholgehalt bestimmt.

Das Ebullioskop muss vor der Bestimmung auf den aktuellen Luftdruck geeicht werden. Dafür wird das Gerät bis zum ersten Ring im Siedebehälter mit Wasser gefüllt und zusammengeschraubt. Danach wird solange erhitzt, bis der Quecksilberfaden in der Skala nicht mehr nach vorne wandert. Mittels Stellschraube wird die Skala nun beim Ende des Quecksilberfadens auf null eingestellt und fixiert. Das Gerät wird ausei-

Eigene Testgeräte machen sich erst bei größeren Produktionsmengen bezahlt

nandergeschraubt und bis zum zweiten Ring mit dem zu untersuchenden Wein befüllt. In den Kühler kommt kaltes Wasser, damit der Alkohol nicht verdunsten kann. Die nachfolgende Erhitzung soll so lange dauern, bis der Quecksilberfaden sich nicht mehr nach vorne bewegt. Sobald dies erreicht ist, kann abgelesen werden. Diese Methode soll nur als annähernde Bestimmung vor der Vergärung zu Essigsäure dienen, die Genauigkeit beträgt ±0,5 %vol Alkohol. Für die Restalkoholbestimmung im vergorenen Essig ist sie zu ungenau.

Alle Essige müssen vor dem Verkauf auf ihren Alkoholgehalt untersucht werden. Dabei ist es sinnvoll, die selber gewonnenen Werte zwischendurch durch eine Untersuchung in einem Labor zu kontrollieren.

Die *Alkoholbestimmung nach Rebelein* ermöglicht eine sehr spezifische und recht genaue Untersuchung. Allerdings wird sie nur Betrieben empfohlen, die beinahe täglich Alkohol untersuchen müssen, da die Reagenzien nur begrenzt haltbar sind.

**Branntweinessig**

**Weinessig**

**Obstessig**

**Kräuter- und Gewürzessig**

# Essigsorten

Essig kann aus allen ethanolhaltigen Flüssigkeiten produziert werden. Auch andere Alkoholarten ergeben Essig, wobei Ethanol das Hauptausgangsprodukt für die eigene Essigbereitung ist. Grundsätzlich wird allerdings zwischen Gärungsessig und Säureessig unterschieden (siehe Rechtliche Bestimmungen).

Zur Zeit werden in Österreich hauptsächlich Spritessig (Branntweinessig), Weinessig und Apfelessig produziert, wobei der Spritessig in der Industrie verwendet wird. Allerdings gibt es noch eine wesentlich breitere Palette an Essig auf dem Markt.

## Branntweinessig

Branntweinessig wird aus reinem Alkohol landwirtschaftlichen Ursprungs gewonnen. Grundlage für diesen Ethylalkohol sind Kartoffeln, Getreide und Rückstände aus der Zuckerbereitung. Der Alkohol wird dann verdünnt und vergoren. Dieser Essig hat meist einen hohen Säureanteil, aber kein eigenes Aroma. In verdünnter Form findet er im Haushalt Verwendung. Der Haupteinsatzbereich ist die weiterverarbeitende Industrie, die diesen Essig zum Einlegen oder als Würzmittel von Fertigprodukten benötigt. Im Haushalt sollte er jedenfalls nur zum Einlegen verwendet werden. Branntweinessig wird üblicherweise als Spritessig bezeichnet. Bei Weingeistessig ist destillierter Wein das Ausgangsprodukt.

Branntwein(Sprit-)essig wird vorwiegend in der weiterverarbeitenden Industrie verwendet

## Einlegeessig

Der Einlegeessig ist eine verfeinerte Form des Branntweinessigs, der meistens mit Zucker und verschiedenen Aromaverbindungen versetzt wird. Oft wird dieser Essig auch noch gesalzen oder mit Kräutern verbessert. Er wird häufig in der Gastronomie für Salate verwendet. Im Haushalt nimmt man den Einlegeessig zum Konservieren von Gemüse, wenn ein würziger Geschmack erwünscht ist.

## Kartoffelessig

In Nachkriegszeiten wurde oft Essig aus Kartoffelbrand produziert. Heute ist dieser Essig eher selten zu bekommen, da der Kartoffelbrand im bäuerlichen Betrieb verboten ist. Es eignen sich jedoch gekaufte Kartoffelbrände recht gut zur hobbymäßigen Herstellung von Essig.

## Malzessig

Auch aus „Bier" lässt sich Essig herstellen

Dafür wird eine Mischung aus Malz und Getreide zu einer Art Bier vergoren: Zuerst werden Malz und Getreide gemischt, dann erhitzt und anschließend vergoren. Diesem so entstandenen „Bier" werden Bakterien zugesetzt, und durch die Essiggärung entsteht Essig. Dieser zumeist sehr hochprozentige Ausgangsessig wird auf 6 % Säuregehalt verdünnt und kommt so in den Handel. Der Geschmack ist süßsauer und relativ aromatisch, die Farbe dunkelgelb bis braun. Verwendet wird er in erster Linie in Nordeuropa und im südostasiatischen Raum.

## Rosinenessig

Der Rosinenessig ist eine besondere Spezialität. Besonders in Südeuropa, im nordafrikanischen Raum und in den Golfstaaten – eben überall, wo Rosinen produziert werden – wird diese Essigart recht häufig hergestellt. Getrocknete Rosinen werden mit Wasser zu einem dünnflüssigen Brei verarbeitet, nach einigen Tagen werden die Rosinen entfernt. Dieser wässrige Auszug wird weitervergoren und zu Essig verarbeitet. Es entsteht eine Essigart mit sehr intensivem Rosinenaroma und dezenter Karamelnote. Verwendet wird dieser Essig für Salate und Fischgerichte.

## Molkeessig

Milder Molkeessig eignet sich auch für empfindliche Mägen

Molke, als Rückstand bei der Käseproduktion, kann ebenfalls zur Essigherstellung verwendet werden. Dafür wird sie eingedickt und anschließend mittels bestimmter Hefearten zu Alkohol vergoren. Durch den hohen Milchsäuregehalt, der schon vor Gärbeginn im Produkt ist, wirkt dieser Essig immer sauerkrautartig. Durch die Milchsäure wird dieser Essig relativ mild.

Trotz 5 % Gesamtsäure (berechnet als Essigsäure) kann Molkeessig somit auch von Patienten mit Magen-Darm-Krankheiten verwendet werden.

## Reisessig

Für Reisessig, der vereinzelt in Spezialitätenläden zu finden ist, wird entweder Reiswein (Sake) oder der Rückstand der Sakebereitung, der so genannte Sakekuchen verwendet. Durch den hohen Gehalt an Restzucker wirkt er sehr süß. Liebhaber dieses Essigs können zwischen drei Arten — rot, weiß oder schwarz — wählen. Weißer Reisessig entspricht allerdings erfahrungsgemäß unserem Geschmacksempfinden am ehesten.

## Honigessig

Honigessig wird aus verdünntem und vergorenem Honig (Met) hergestellt. Es können zur Essigbereitung nur hochqualitative Produkte verwendet werden, da mindere Qualität geschmacklich sofort erkennbar ist. Honigessig hat den typischen Metgeschmack und -geruch und wird besonders für Salatdressings und ausgefallene Fleischgerichte genommen.

## Tresteressig

Tresteressig wird durch das Vergären und Abpressen von Trester aus der Wein- oder Obstweinproduktion gewonnen. Tresteressig (er wird nicht zu den Weinessigarten gezählt) zeichnet sich durch ein herbes, teilweise kerniges Aroma aus. Bemerkenswert ist die leicht adstringierende Wirkung dieses Essigs. Je nach Obstart oder Traubensorte werden unterschiedliche Geschmacksnuancen erzielt. Da er praktisch immer einen sehr intensiven Eigengeschmack hat, wird Tresteressig in erster Linie für würzige Gerichte und Salate verwendet.

Tresteressig aus den Rückständen der Obstpressung ist intensiv im Geschmack

## Weinessig

Weinessig wird aus Traubenwein erzeugt. Er hat einen weinartigen Geschmack. Weinessig kann für beinahe alle Speisen verwendet werden, da er sich durch ein etwas zurückhaltendes Aroma fast überall harmonisch einfügt. Echter Weinessig – und nicht Weingeistessig, der aus destilliertem Wein stammt – weist wie der Wein die Farben Weiß oder Rot auf. Vielfach wird Weinessig aus dem Wein südlicher Länder produziert. Vor allem die Essigindustrie arbeitet mit billigen ausländischen Weinen. Für die bäuerliche Weinessigbereitung kommen nur beste Weine und Weinreste in Frage, da sich minderwertige Produkte schon vor der Vergärung verschlechtern. Der Säuregehalt beim Weinessig liegt durch den Alkoholgehalt, der höher als beim Obstwein ist, meist zwischen 6 und 10 %. Bei der Bereitung ist auf den teilweise zu hohen Restalkoholgehalt zu achten.

Für echten Weinessig werden nur sehr gute Weine und Weinreste verwendet

Der Handel bietet eine große Auswahl an Weinessigsorten an, bedingt durch die breite Palette an Weinsorten und die Vielzahl der Ausbauvarianten (Holzarten und Lagerzeit). Diese Vielfalt ermöglicht es aber auch der Direktvermarktung, Marktnischen zu finden. Rote Weinessigsorten sind geschmacklich meistens etwas kräftiger als weiße. Besonders gut für die Essiggewinnung eignen sich Weinsorten, die von Natur aus viel Eigenaroma mitbringen, da dadurch sehr typische Essigarten entstehen können.

## Obstessig

Grundsätzlich kann Obstessig aus jeder Obstart, aus der eine Weinproduktion möglich ist, hergestellt werden. Wegen der geringen Herstellungskosten wird allerdings vorwiegend Apfelessig erzeugt. Dieser zählt nicht nur zu den billigsten, sondern auch zu einer der gesündesten Essigarten überhaupt. Apfelessig enthält viele Mineralsalze (hauptsächlich aber Kalzium und Magnesium). Andere Stoffe (zum Beispiel Vitamine und Spurenelemente), die der menschliche Körper täglich benötigt, sind ebenfalls enthalten.

### Obstarten für die Essigbereitung

Von Apfel bis Zwetschke – für die Obstessigbereitung eignen sich viele Sorten

Im folgenden Abschnitt werden nur die wichtigsten Obstarten, die für die Herstellung von Vollfruchtessig geeignet sind, beschrieben. Bevor Sie sich nun für eine spezielle Obstart entscheiden, sollten Sie wissen, dass je nach Reifegrad und Sorte die Ergebnisse sehr unterschiedlich ausfallen können. Wie beispielsweise ein Sortenversuch mit Zwetschken gezeigt hat, sollte man den Einfluss der Sorte auf Aussehen (vor allem die Farbe) und Geschmack des fertigen Essigs nicht unterschätzen.

### Äpfel

Die Obstweinerzeugung aus Äpfeln hat eine lange Tradition. Ein wesentlicher Grund dafür ist neben dem guten Geschmack der niedrige Preis. Die Früchte sollten vollreif, gesund und sauber sein, was für alle Obstarten gilt. Der Apfelessig zeichnet sich durch ein typisches obstweinartiges Aroma aus und kann fast bei allen Speisen verwendet werden. Für die Essigbereitung sind auch Sorten geeignet, die für die Mostbereitung aus geschmacklichen Gründen oder wegen der Säurewerte nicht verwendet werden. Besonders aromatische Sorten wie Maschanzker, Gravensteiner oder Braeburn ergeben sehr intensive und frische Essige.

### Birnen

Birnen sind zur Essigproduktion etwas schlechter geeignet als Äpfel, da sie von Natur aus meist einen eher niedrigen Säuregehalt haben und deshalb auch leichter verderben können. Schon bei der Obstweinbereitung erfordern Birnen einen weit größeren Arbeitsaufwand, auch was die hygienischen Anforderungen betrifft, damit sie nicht schon während der alkoholischen Gärung oder unmittelbar danach von Bakterien befallen werden. Birnenwein neigt auch viel leichter zum „Zähwerden" (er fließt schwer wie Öl oder wirkt schleimig), was sich bei der Essigproduktion negativ auswirkt. Am besten ist es, den Birnenwein sofort nach Erreichen des höchsten Alkoholgehaltes zu pasteurisieren, um so den Wein für die Essigherstellung haltbar zu machen. Die auf diese Art gewonnenen Essige sind dann allerdings sehr fruchtig, schmecken deutlich nach Birne und sind besonders für Salate gut geeignet. Auch sortenreine Birnenessigarten können in manchen Gebieten sicherlich als Spezialität vermarktet werden und somit die Produktpalette des bäuerlichen Angebotes erweitern. Besonders geschmacksintensive Sorten, wie manche Mostbirnen oder Williams Christbirne, können regionale Bedeutung erlangen.

### Quitten

Quitten sind aufgrund ihrer schweren Vergärbarkeit und ihres hohen Gerbstoffgehalts nur bedingt für die Essigbereitung einsetzbar, sie ergeben allerdings sehr intensive Fruchtweine. Der frisch gepresste Saft der Früchte, mit einem natürlich hohen Säuregehalt, muss vor der Vergärung verdünnt und aufgezuckert werden, da die meisten Quittensäfte einen zu niedrigen Zuckergehalt aufweisen. Dadurch käme es zu einer zu geringen Alkoholbildung. Die Gerbstoffe führen gleichzeitig zu einer sehr starken Klärung des fertigen Weines, was sich bei der Essigbereitung als vorteilhaft herausgestellt hat.

### Pfirsiche

Vollreife Pfirsiche ergeben sehr fruchtige Weine, allerdings haben Pfirsiche einen sehr niedrigen Säuregehalt, was in der Nachgärphase wiederum zu Problemen führen kann. Pfirsiche sind vor der Gärung unbedingt aufzuzuckern, damit ein entsprechend hoher Alkoholgehalt erreicht wird. Der Einsatz von organischen Säuren, wie Zitronensäure, oder anorganischen Säuren, wie Phosphorsäure, um den biologischen Verderb während der Gärung auszuschalten, ist vom Gesetzgeber verboten. Bei Pfirsichen sollte auf ein baldiges Abtrennen der Steine nach der Vergärung geachtet werden, wenn eine Maischegärung durchgeführt wurde. Die Steine müssen entfernt werden, damit ein eventueller Steinton im Essig vermieden wird. Pfirsichessig, auf diesem natürlichen Weg produziert, ergibt Produkte, die besonders für Salatspezialitäten, aber auch zur Verfeinerung von süßen Gerichten und Käse gut geeignet sind.

Essige aus Pfirsichen oder Marillen sind sehr geschmacksintensiv

### Marillen (Aprikosen)

Für Marillen gilt sinngemäß dasselbe wie für Pfirsiche, wobei diese Essigarten oft sehr geschmacksintensiv sind, was eine sehr sparsame Verwendung in der Küche mit sich bringt. Bei der Marille besteht während der Gärung (durch den hohen pH-Wert) die Gefahr, dass sie verdirbt (Bakterien). Nur vollreife Marillen ergeben auch aromatischen Essig. Waren die Früchte unreif, so schmeckt der Essig eher nach dünnem Apfelessig.

### Zwetschken, Pflaumen, Ringlotten

Der Zwetschkenwein ist heute in vielen Gebieten eine regionale Spezialität. Die Zwetschken werden dabei entweder maischevergoren, oder man lässt sie nur auf der Maische angären. Durch Aufzuckerung können auch hier wieder entsprechende Alkoholmengen erzielt werden, um die gesetzlichen Mindestwerte an Essigsäure zu erreichen.

Der Zwetschkenessig ist durch seine dunkle Farbe besonders gut zum Färben geeignet, aber natürlich auch zur Verbesserung des Geschmacks

Dunkler Essig muss nicht immer Balsamico sein

von Gerichten. Das herb-säuerliche Aroma verfeinert Salate und Saucen. Pflaumen und Ringlotten, vor allem grüne Sorten, führen bei diesen Essigarten zu interessanten Farbschattierungen, und oft haben sie ein „grasiges" Aroma.

**Kirschen und Weichseln**

Diese Steinobstarten ergeben sehr dunkle, beinahe schwarze Essigsorten mit einem ganz typischen Aroma. Der leichte Steingeschmack, den hauptsächlich die Weichseln haben, ist für diese Essigsorten charakteristisch. Durch den dunklen Ton und den fruchtigen Geschmack wird dieser Essig besonders für dunkle Saucen verwendet. Kirschen und Weichselsäfte müssen allerdings vor der Vergärung unbedingt aufgezuckert werden, da sie zu wenig natürlichen Zucker enthalten. Bei Weichseln empfiehlt sich auch eine Verdünnung des Säuregehaltes.

**Schwarze, Rote und Weiße Johannisbeeren**

Johannisbeeren oder Ribiseln werden gerne zu Fruchtwein verarbeitet, da sie ein intensives Aroma haben und mit Wasser wegen ihrer hohen Säurewerte gestreckt werden müssen. Auch wenn viel Wasser dazugegeben wird (z. B. zwei Drittel der Fruchtmenge), sind die Farbe und der Geschmack der Beeren noch immer deutlich erkennbar. Ribiselweine, die nach dem Weingesetz maximal 13 %vol Alkohol mit dem umgerechneten Zucker aufweisen dürfen, sollten vor der Essigbereitung auf ungefähr 10 %vol Alkohol verdünnt oder auf ungefähr 1 % Essigsäure mit fertigem Essig eingestellt werden, damit ein Bakterienschock vermieden wird. Johannisbeeressig ist, je nach Beerenfarbe, tiefdunkel bis ganz hell und wird für Salate verwendet.

**Andere Beerenessige**

Grundsätzlich können auch aus allen anderen Beeren Vollfruchtessige hergestellt werden, dabei sind allerdings die Wirtschaftlichkeit und der zu erzielende Verkaufspreis zu berücksichtigen. Zumeist werden diese Beeren mit einem entsprechenden Obst- oder Weinessig angesetzt und dann als Fruchtessig unter diesem Namen verkauft. Ein Teil der angesetzten Beeren bleibt im fertigen Produkt. Aber nur bei wirklich hohen Verkaufserlösen sollte man aus Himbeeren, Erdbeeren, Brombeeren oder Heidelbeeren Fruchtweine produzieren, die dann zu Essig vergoren werden. Andererseits gibt es sicher Liebhaber dieser Essigsorten, und da diese Essige eher selten angeboten werden, können auch höhere Preise dafür verlangt werden.

Beerenessige als Spezialitäten für besondere Feinschmecker

## Kräuter- und Gewürzessig

Derzeit ist in vielen Supermärkten und Feinkostläden ein sehr großes Angebot an verschiedenen Kräuter- und Gewürzessigen zu finden. Auch der bäuerliche Essigproduzent hat in einem gut geführten Hausgarten eine große Anzahl von Kräutern, die er dann mischen und zur Geschmacksverbesserung von Essig verwenden kann.

Um sich in der breiten Palette der angebotenen Kräuter- und Gewürzessigarten zurechtzufinden, ist eine Unterscheidung der beiden wichtigsten Herstellungsarten notwendig:

Bei Kräuter- und Gewürzessig unterscheidet man zwei Produktionsmethoden

- Essigarten werden mit Gewürzessenzen auf chemischem Wege oder durch Auszüge der namensgebenden Kräuter hergestellt (siehe Einlegeessig). Diese Form der Herstellung ist der essigproduzierenden Industrie vorbehalten und sollte von bäuerlichen Produzenten nicht nachgeahmt werden.

- Essige, die mit natürlichen Kräutern oder deren Auszügen verfeinert wurden. Bei dieser Methode werden hochprozentige Essigsorten mit Kräutern angesetzt und nach einiger Zeit vom Ansatz genommen. So entsteht ein sehr feines Aroma. In die Flaschen kommen dann noch die jeweiligen Kräuter – ein verkaufsfördernder optischer Effekt. Zu dieser Gruppe von Essigarten zählen auch jene, welche durch Fruchtauszüge produziert wurden. Dabei ist es besonders wichtig, völlig fehlerfreien Essig zu verwenden, da Kräuter fehlerhafte Produkte im Geschmack verstärken.

Einige Beispiele der letzten Gruppe sind:

- Estragonessig
- Knoblauchessig
- Erdbeeressig
- Veilchenessig
- Lorbeeressig
- Zwiebelessig
- Melissenessig
- Rosenblütenessig
- Basilikumessig
- Himbeeressig
- Minzessig

## Balsamessig

Balsamessig, als König unter den Essigarten, ist ein dunkler, besonders alter Essig, der mehrere Jahre in Holzfässern gelagert wurde. Durch die teilweise hohen Verluste bei der Produktion wird Balsamessig von Jahr zu Jahr teurer, besonders sehr alter Essig hat seinen Preis. Und da sind es wiederum alte Balsamessige aus dem Raum um Modena (in Italien), die unter dem Namen „Aceto balsamico di Modena" im Handel sind und bei speziellen Auktionen astronomische Preise erzielen. Heimische Balsamessige werden mehrere Jahre lang in warmen Räumen gelagert. Sie erreichen dann ebenfalls eine besondere Qualität. Balsamessig empfiehlt sich besonders zu italienischen Gerichten und verschiedenen Blattsalaten. Leider sind auf Grund von wirtschaftlichen Überlegungen inzwischen in allen Märkten Balsamessige erhältlich, die weder aus frischen Früchten stammen noch gereift sind, sondern einfach nur mit industriellen Methoden gemischt und vermarktet werden. Nur etwa 0,5 % der angebotenen Balsamessige sind von hochwertiger Qualität. Auch „weiße" Balsamessige sind nur eine Mischung von Essig und Konzentrat.

**Längst nicht jeder Balsamico wurde jahrelang im Eichenfass gelagert**

Der Erzeugung von Balsamessig ist in diesem Buch ein eigenes Kapitel gewidmet (siehe Erzeugung von Balsamessig).

*Balsamicolager Azienda Agricola Manicardi*

# Die Gäressigbereitung



## Anforderungen an das Ausgangsprodukt und Behebung einzelner Fehler

Für die Entstehung von Essigsäure ist Alkohol notwendig. Nachdem ein Mindestsäuregehalt von 5 % erreicht werden muss, sind auch mindestens 5 %vol Alkohol notwendig. Je nach Gärverfahren ist dieser Alkoholgehalt nun in Essigsäure umzuwandeln, ohne einen Restalkoholgehalt zu hinterlassen. Der Restalkohol darf bei Wein- und Obstweinessig, der verkauft werden soll, höchstens 4 g/l erreichen. Die erlaubten Werte für den Gehalt an Essigsäure und Restalkohol sind durch das Österreichische Lebensmittelbuch geregelt.

Nur aus fehlerfreien Grundprodukten, die mit reifer, sauberer und vor allem gesunder Rohware hergestellt wurden, wird ein guter Essig. Das Grundprodukt darf also nicht, wie es früher oft üblich war, unverkäuflich oder fehlerhaft sein, denn Essige minderer Qualität sind beim derzeitigen Angebot an hochwertigen Essigen nicht mehr verkäuflich. Fehlerhafte Getränke müssen vor der Verarbeitung zu Essig unbedingt zumindest „trinkbar" gemacht werden.

Die Qualität des Ausgangsprodukts entscheidet über die Qualität des Essigs

Der Geschmack eines guten Essigs wird vorwiegend durch das Ausgangsprodukt (Wein, Most), die Reinheit der Essiggärung und die Lagerung bestimmt. Essige, die aus einem schlechten Rohprodukt erzeugt werden und eine fehlerhafte Gärung aufweisen, sind zumeist dumpf, muffig und bitter. Oft entsprechen sie auch nicht den gesetzlichen Bestimmungen.

## Most- und Weinfehler

Die meisten Probleme entstehen durch unsachgemäße Behandlung

Die häufigsten Fehler, die im Ausgangsprodukt vorkommen können, sollen im Folgenden näher beschrieben werden, damit sie noch vor der Essigbereitung behoben werden können. Es handelt sich dabei durchwegs um Most- oder Weinfehler, die bei unsachgemäßer Behandlung auftreten können.

### Weißer Bruch

Der Most erscheint im durchfallenden Licht weißlich bis schwach bläulich, schuld daran sind Eiweiß und Pektinausscheidungen. Dieser Fehler tritt zumeist schon während der Lagerung auf und sollte auf jeden Fall beachtet werden.

*Behebung:* Dieser Most ist noch nicht flaschenreif und sollte vor der Abfüllung, sofern der Fehler schon im Fass erkennbar ist, einer Schönung unterzogen werden.

Dies geschieht entweder mittels Bentonit- oder einer Kieselsol-Gelatine-Schönung (siehe Kapitel Stabilisierung und Klärung). Gewöhnlich werden jedoch beide Schönungen durchgeführt.

### Rahnwerden oder Braunwerden

Der Most wird bei der Berührung mit Luft dunkel. Wenn man ihn aus dem Lagerbehälter nimmt, so erscheint er schön färbig. Sobald er allerdings einige Zeit mit Sauerstoff in Berührung kommt, wird er dunkel bis braun. Dies ist auf sauerstoffübertragende Enzyme zurückzuführen, die noch aus den Früchten stammen

Most für die Essigbereitung darf nicht geschwefelt werden

*Behebung:* Derartige Moste sind sehr einfach durch eine sachgerechte Schwefelung wieder zu reparieren und trinkbar zu machen. Für die Essigbereitung ist die Schwefelung allerdings nicht gestattet, so dass nur eine Hochtemperatur-Kurzzeiterhitzung und eine damit verbundene Inaktivierung aller Enzyme zum Erfolg führen.

### Hefeböckser

Dieser Fehler kommt wahrscheinlich am häufigsten vor. Er ist erkennbar durch einen unsauberen Geruch (faule Hefe), der auch ähnlich dem eines Ziegenbockes beschrieben wird (daher der Name Böckser). Der Most ist säurearm, erscheint leer und schmeckt auch intensiv nach abgestorbener Hefe. Diese Moste sind zu spät vom Lager abgezogen worden. Dadurch konnte sich die Hefe zersetzen, was zu diesem Verwesungsgeschmack nach faulender Hefe geführt hat. Deshalb heißt dieser Fehler umgangssprachlich auch Lagerfäule.

*Behebung:* Dieser Fehler kann durch ein frühes Abziehen verhindert werden. Moste, die diesen Fehler aufweisen, sind nur schwer reparierbar und können nur bei leichtem Auftreten noch zu Essig verarbeitet werden.

### Essigstich

Grundprodukte, die diesen Fehler haben, zeichnen sich durch einen starken, stechenden Geruch nach Essigsäure aus. An der Oberfläche findet sich ein feiner Schleier oder eine schleimige und sulzige Haut. Dieser Fehler ist auf Essigsäurebakterien zurückzuführen. Er tritt auf, wenn nicht unter Sauerstoffausschluss vergoren wird.

Manchmal riecht schon der Most nach Essig

*Behebung:* Grundprodukte, die diesen Fehler aufweisen, können als Getränk nicht mehr repariert werden und sind nur noch zur Weitervergärung zu Essig geeignet. Allerdings ist dann auf die Zufuhr von Luft (Sauerstoff) zu achten, da sich zumeist zu wenig Sauerstoff im Behälter befindet, um einen Qualitätsessig zu erreichen. Moste, die bereits eine Essigmutter aufweisen, können nur noch im Orleansverfahren (siehe Kapitel Verfahren zur Essigbereitung) fertig gegoren werden, da bei submersen Verfahren, wo sich die Essigbakterien ohne Trägermaterial direkt in der Flüssigkeit befinden, die Gefahr der Verschleimung zu groß ist.

### Kahmigwerden

Auf der Oberfläche breitet sich eine schneeweiße, graue oder graurötliche Haut aus. Diese ist zurückzuführen auf Kahmhefen, die sich nur unter Sauerstoffeinfluss im Getränk breit machen können. Diese Kahmhefen verzehren den Alkohol und hinterlassen vielfach ein Fremdaroma.

*Behebung:* Kahmige Moste müssen in ein sauberes Fass umgezogen werden. Allerdings ist die Kahmhaut vorher so gut wie möglich zu entfernen. Gleichzeitig ist darauf zu achten, dass das neue Fass spundvoll gefüllt ist, damit ein neuerliches Auftreten der Kahmhefen verhindert wird. Es sollte hier möglichst bald mit der Essigbereitung begonnen werden, um weitere Alkoholverluste durch die Kahmhefen zu vermeiden. (Gefahr eines zu niedrigen Essigsäuregehaltes!)

### Milchsäurestich

Dieser ist erkennbar durch sauerkrautähnlichen Geschmack und Geruch des Ausgangsweines. Er ist zurückzuführen auf Bakterien und einen zu geringen Säuregehalt des Saftes vor der Gärung. Gleichzeitig kann auch ein zu später Abstich zu diesem Fehler führen, der oftmals mit zu spätem Schwefeln oder zu geringem Schwefelgehalt einhergeht.

Sauberkeit und Belüftung sind unerlässlich bei der Essigbereitung

*Behebung:* Der Milchsäurestich kann durch frühen Abstich und eine sachgerechte Schwefelung verhindert werden. Eine Heilung ist nur in frühem Stadium möglich. Der Most ist dann unbedingt einer Entkeimungsfiltration zu unterziehen, um die Bakterien aus dem Getränk zu holen, damit sie im Essig nicht weiterarbeiten und der Essig dann nach Sauerkraut riecht.

### Zähwerden

Der Most fließt beim Ausschenken schwer wie Öl oder zieht Fäden wie Schleim, verbunden mit einem schnellen Säurerückgang. Die Ursachen hierfür sind Bakterien in Verbindung mit Schimmelpilzen und Schleimhefen.

*Behebung:* Das Zähwerden kann durch kühle Lagerung und ein frühes Abziehen verhindert werden. Falls der Most schon zäh ist, ist eine Säurekorrektur, verbunden mit einer Tanninschönung und nachfolgender Belüftung, durchzuführen. Derartige Getränke sind vor der Weiterverarbeitung unbedingt durch Filtration zu entkeimen. Besteht keine Möglichkeit zur Sterilfiltration, kann der Most auch 20 Sekunden auf 80 °C erhitzt und anschließend wieder gekühlt werden.

## Behälter für die Essigbereitung

Zur Bereitung von Essig sind beinahe alle lebensmittelechten Behälter geeignet. Im Folgenden werden die Vor- und Nachteile der verschiedenen Behälter aufgelistet. Die Auswahl der Behälter richtet sich nach der produzierten Menge, den finanziellen Möglichkeiten sowie teilweise auch nach der Präsentationsmethode des Betriebes.

### Holzbehälter

Holzfässer zur Essigbereitung haben lange Tradition

Holzfässer zählen nach den Tongefäßen zu den ältesten Gebinden für die Lagerung von Getränken.

*Vorteile*

- Der leichtere Sauerstoffaustausch ermöglicht den früheren Ausbau des Getränkes. Dies wirkt sich auch bei der Essigbereitung positiv aus, weshalb zumeist Holz dafür Verwendung findet.
- Alle Fassgrößen sind erhältlich, Spezialanfertigungen sind leicht möglich.
- Fässer sind in den meisten Betrieben schon vorhanden.

*Nachteile*
- Großer Pflege- und Erhaltungsaufwand
- Verluste durch Schwund
- Kranke Fässer oder Fässer mit Fehlgerüchen sind nur sehr schwer zu reparieren.

## Kunststoffbehälter

Sie werden als geschäumte Polyurethanbehälter oder als glasfaserverstärkte Kunststoffbehälter verwendet. Erstgenannte sind an ihren Farben – Weiß, Blau, Grün und Schwarz – zu erkennen. Glasfaserverstärkte Kunststoffbehälter haben eingearbeitete Fasern und sind weißlich-gelb.

Achten Sie in jedem Fall auf Qualität, Billigware hat unter Umständen einige Nachteile

*Vorteile*
- Keine Rostbildung
- Keine Innenauskleidung notwendig
- Die glatten Oberflächen sind leicht zu reinigen und zu desinfizieren.
- Geringer Schwund
- Zu 100 % säurebeständig

*Nachteile*
- Nicht immer geschmacksneutral (vor allem Diskontangebote)
- Geringe Druckfestigkeit
- Der Ausbau vollzieht sich langsamer
- Geschäumte Polyurethanbehälter sind nicht immer hitzebeständig, was teilweise bei der Essigbereitung ein Problem sein kann.

## Edelstahlbehälter

Sie werden in allen Größen und Formen angeboten. Edelstahlbehälter müssen aus V4A-Stahl sein. Minderwertige Stahlarten sind oft nicht säurebeständig und daher auch nicht sehr lange haltbar. Vor allem bei der Essigbereitung, im Anschluss an die Produktion des Grundgetränkes, kann es dabei immer wieder zur Korrosion kommen.

Beim Ankauf von Edelstahlbehältern ist auf die Verarbeitung zu achten, denn nur sehr sauber verarbeitete Behälter halten auch wirklich lange Zeit.

*Vorteile*
- Zu 100 % lebensmittelecht
- Alle Formen sind machbar und werden produziert.
- Leicht zu reinigen und zu desinfizieren
- Kein Schwund
- Sehr robust
- Edelstahlbehälter bieten 100 % Alkohol- und Säurebeständigkeit im Lebensmittelbereich.

- Optimale Wärmeleitung ist auch bei Großbehältern gegeben, was bei Gärung, Kühlung und beim Erwärmen Vorteile bringt.

*Nachteile*

- Qualitätsprodukte sind verhältnismäßig teuer
- Größere Behälter sind nicht transportierbar
- Risse können nur geschweißt werden

## Die Vorbereitung neuer Holzfässer und die Reinigung alter Fässer

Holzfässer müssen gründlich gereinigt werden

Neue Fässer enthalten sehr viele Gerbstoffe, die vom Alkohol und von der Essigsäure herausgelöst werden können, so dass das Getränk negativ beeinflusst wird. Aus diesem Grund müssen die Fässer entweder ausgelaugt oder chemisch vorbereitet werden. Heute wendet man hauptsächlich die chemische Bearbeitung an.

### Das Ausdämpfen der Fässer

Dies ist die beste Methode, ein Fass sauber zu bekommen. Geeignet sind Niederdruckdampfkessel oder zweckentfremdete Futterdämpfer. Dabei wird das Fass auf den Kopf gestellt und so lange mit heißem Dampf bearbeitet, bis unten nur noch klares, geschmackloses Wasser herausrinnt. Somit ist die Dämpfdauer von der Fassgröße abhängig. Anschließend wird das Fass mit kaltem Wasser ausgespült.

### Das Vorbereiten mit Gerbstoffina oder Senfina

Bei dieser Methode wird für 200 Liter Fassraum ein Viertelkilogramm Gerbstoffina in heißem Wasser (ca. 20 Liter) gelöst. Man lässt diese Lösung einwirken und schüttelt das Fass zwischendurch. Anschließend wird die Waschlösung weggeschüttet und das Fass sauber gewaschen. „Kranke“ Fässer, die mit dieser Methode gereinigt werden, müssen nachträglich noch gedämpft werden, um alle Fehlgerüche zu entfernen.

### Das Vorbereiten mit heißer Sodalauge

Die Reparatur „kranker“ Fässer funktioniert nicht immer

Für 100 Liter Fassraum werden 15 bis 20 Liter heiße Sodalauge verwendet. Diese Sodalauge sollte 2 %ig sein, das heißt, es sind 300 bis 400 g Feinsoda oder kalziniertes Soda in dieser Wassermenge zu lösen. Bei dieser Methode des Weingrünmachens lässt man die heiße Sodalösung eine halbe Stunde einwirken und entleert dann das Fass. Dieser Vorgang wird so oft wiederholt, bis die Sodalösung klar abfließt, anschließend das Fass mit klarem Wasser gut ausspülen.

Die Reparatur kranker Fässer ist zeitraubend und funktioniert nicht immer. Deshalb sollten kranke Fässer ausgeschieden werden.

*Holzpaletten sind nicht zeitgemäß*

# Anforderungen an Räume für die Verarbeitung

Räume, in denen Essig oder Senf produziert wird, müssen hauptsächlich den allgemeinen Grundanforderungen, wie leicht zu reinigen und zu desinfizieren, entsprechen. Im Raum muss Kalt- und Warmwasser vorhanden sein, ein Bodenabfluss, da es immer wieder zu Schaumbildung kommen kann, und der Raum muss unbedingt gut zu durchlüften sein. Dies ist zum einen für die Essigbereitung notwendig, zum anderen, um den intensiven Essiggeruch aus dem Raum zu bringen.

Der Raum sollte leicht zu reinigen und gut zu lüften sein

Gleichzeitig muss aber auch das Eindringen von Essigfliegen verhindert werden. Dies ist aus hygienischen Gründen unbedingt nötig. Gleichzeitig soll der Boden und der Bereich rund um die Essigproduktion säurefest sein, da es vor allem bei submersen Produktionsmethoden immer wieder zur Zerstörung von Wand- oder Bodenoberflächen kommt. Auch Fugen bei Fliesen sind vereinzelt davon betroffen. Diese sollten ebenfalls versiegelt werden.

# Verfahren zur Essigbereitung

Bei der Bereitung von Essig unterscheidet man im Wesentlichen vier Verfahrensarten.

- Oberflächenverfahren
  - Orleansverfahren
- Fesselverfahren
  - Boerhaveverfahren
  - Drehbildnerverfahren
  - Schützenbachverfahren
  - Rundpump- oder Generatorverfahren
- Submersgärverfahren
  - Kleinanlagen ohne Turbine (LABU-Verfahren)
  - Großfermenter mit Turbine
- Verfahren der Balsamessigproduktion

## Oberflächenverfahren

Alle alten Gärverfahren sind Oberflächenverfahren. Die meisten werden bereits seit mehr als hundert Jahren angewandt. Bei den Oberflächenverfahren wird der Behälter nicht bewegt, und die Luft streicht nur über die Oberfläche. Die Bakterienkulturen bleiben wegen des Sauerstoffbedarfes an der Oberfläche. Dabei entsteht in den meisten Fällen eine Haut aus Essig- und Schleimbakterien. Diese so genannte Essigmutter vergärt das Grundprodukt nur sehr langsam. Wenn die Temperaturen zu niedrig sind, findet meistens keine Gärung statt.

Die Essigmutter bildet eine Haut aus Essig- und Schleimbakterien

### Orleansverfahren

Bei diesem Verfahren werden Behälter mit einer möglichst großen Oberfläche verwendet. Darüber streicht dann die Luft und bringt die Bakterien mit Sauerstoff in Berührung.

Verwendung finden können folgende Behälter:

- liegende Holzfässer
- breite Fässer mit einer niedrigen Füllhöhe
- abgedeckte Wannen mit nur niedrigem Flüssigkeitsstand

Besonders wichtig ist ein nicht zu hoher Flüssigkeitsstand. Dadurch wird die Oberfläche vergrößert, der Sauerstoffaustausch verbessert und so die Vergärung erleichtert.

*Vorteile*
- Sehr einfach, kann im Haushalt mit jeder größeren Flasche durchgeführt werden.
- Keine großen Anschaffungen notwendig, da Holzfässer beinahe in jedem Betrieb vorhanden sind.
- Wenig Arbeitsaufwand, weil nur einmal befüllt und entleert wird.
- Beinahe kein Energieaufwand, wenn die Gärung im Sommer in einem warmen Raum durchgeführt wird. Im Winter fallen Heizkosten an.

Das Orleansverfahren kann auch im Haushalt mit großen Flaschen angewandt werden

*Nachteile*
- Keine Steuerungsmöglichkeit
- Vielfach eine unzureichende Vergärung, weil die Bakterien nur an der Oberfläche mit genügend Sauerstoff versorgt werden.
- Sehr lange Gärzeiten führen nur zu geringen Produktionsmengen.

### Verbesserungsmöglichkeiten der offenen Gärverfahren

Eine Verbesserung des Vergärungsgrades kann durch Einbringung von Sauerstoff mit einer Luftpumpe über einen Verteiler von unten direkt in das Getränk erreicht werden. Besonders zur Vergärung von Restalkoholmengen hat sich diese Methode gut bewährt. Für Kleinmengen sind Verteiler und Pumpen, wie sie in der Aquaristik verwendet werden, gut geeignet. Allerdings ist hier bei Kunststoffverteilern auf die Säurebeständigkeit zu achten. Der Verteiler wird am Boden angebracht, und durch die Aquarienpumpe wird Luft in das Getränk eingepresst. Durch die feine Verteilung kommt es zu gleichmäßigen Luftblasen, die langsam im Getränk aufsteigen. Die verbrauchte, sauerstoffarme Luft sollte an der Oberfläche wieder austreten können. Bei nur teilweiser Belüftung sind keine Aromaeinbußen feststellbar. Allerdings ordnet man diese Methode eher den Submersverfahren zu.

Luftpumpen verbessern die Sauerstoffversorgung deutlich

## Fesselverfahren

Bei allen Fesselverfahren werden die Essigbakterien auf eine Trägersubstanz aufgebracht. Diese Trägersubstanz war anfangs ein Holzgitter oder ein anderer natürlicher Stoff.

Materialien, die zum „Binden" der Essigbakterien geeignet sind
- *Holzgitter:* Sie haben nur eine geringe Oberfläche, was zur Folge hat, dass die Bakterienkultur schnell verschleimt und teilweise abtropft. Gleichzeitig ist durch die geringe Oberfläche nur ein beschränkter Sauerstoffaustausch möglich. In den meisten Fällen war das Holzgitter aus Buchen- oder Birkenholz. Alle anderen Holzarten verändern durch das Einbringen von Gerbstoffen den Geschmack des fertigen Essigs.

Buchen- und Birkenholz beeinträchtigen den Geschmack des Essigs nicht

*Maisspindeln – zerteilt oder im Ganzen – sind leichter zu reinigen als Buchenholzspäne*

- *Buchenholzspäne:* In weiterer Folge und zur Vergrößerung der Oberfläche werden Buchenholzspäne verwendet. Mit diesen grob gehobelten Spänen erzielt man eine große Oberfläche und dadurch einen besseren Sauerstoffaustausch. Gleichzeitig erreicht man damit auch eine längere Lebensdauer der Trägersubstanz, weil bis zur vollständigen Verschleimung mehr Zeit vergeht. Andere Spanarten als Buchenholz sind aufgrund ihres Gerbstoffgehaltes nicht zu empfehlen. Bei zu fein gehobelten Spänen ist die Reinigung oft ein Problem. Die Späne müssen vor dem Befüllen der Gebinde vollständig von Staub und anhaftendem Schmutz befreit werden. Durch die Wasseraufnahme des trockenen Holzes klebt der Staub leicht an. Dieser würde sich dann (je nach Verfahren) im Essig verteilen und dadurch einen größeren Filtrationsaufwand notwendig machen.
- *Maisspindeln:* Die Spindeln von Maiskolben eignen sich wegen der großen Oberfläche und der doch recht großen Teilgröße sehr gut als Trägermaterial bei den einzelnen Fesselverfahren. Ein Vorteil gegenüber den Buchenholzspänen ist dabei auch die leichtere Reinigung, da die Spindeln das Waschwasser nicht aufnehmen. Die Spindeln können entweder im Ganzen oder zerteilt eingebracht werden, wobei eine Zerteilung eine weitere Oberflächenvergrößerung bewirkt. Die Maisspindeln werden am besten vor der Essigbereitung ausgekocht oder gedämpft, um das Risiko von Fremdpilzen zu minimieren.
- *Kämme der Weinbereitung:* Beim Rebeln der Weinbeeren fallen die Kämme als Rückstände an. Der Wuchs der Kämme ist sperrig, und sie sind unterschiedlich dick, das führt zu einer sehr lockeren Füllung mit großen Zwischenräumen. Durch diese großen Zwischenräume kommt es zu einer recht guten Belüftung. Gleichzeitig sind auf den Kämmen schon von Natur aus relativ große Mengen an Essigsäurebakterien. Allerdings entsprechen diese meistens nicht den Anforderungen, um einen guten Essig zu erzeugen. Ein weiterer Nachteil ist die teilweise Auslaugung von Gerbstoffen und die damit verbundene Geschmacksbeeinflussung.

Die Kämme der Weinbereitung sind häufige Hilfsmittel für die Essigbereitung

In unserer Region werden vorwiegend Buchenholzspäne und Maisspindeln verwendet. Im kleinen Rahmen, bei kleinen Gärbehältern ist durch deren Einfachheit allerdings den Maisspindeln der Vorzug zu geben. Die Trägersubstanz sollte aber auf keinen Fall zu lange, maximal ein Jahr, im Behälter verbleiben, damit es zu keiner Geschmacksbeeinträchtigung kommt. Wird die Trägersubstanz länger benutzt, so kann der Essig dumpf zu schmecken beginnen. Frische Buchenspäne, wenn sie nicht vorgewässert werden, erzeugen einen holzigen oder herben Geschmack. Ein adstringierender Ton, den frische Spanfüllungen und auch Metall verursachen, ist im Essig nicht erwünscht.

### Boerhaveverfahren

Bei diesem Verfahren werden Gärbottiche mit der Trägersubstanz befüllt. Meistens werden Buchenholzspäne verwendet. Die Trägersubstanz wird mit einem Grundprodukt, welches einen Alkoholgehalt unter 6 %vol aufweist, übergossen. Dieser Most oder Wein wird dann vor der Befüllung mit Essigbakterien beimpft. Es ist darauf zu achten, dass die Buchenspäne vollständig überschichtet werden. Der niedrige Alkoholgehalt ist bei der Erstbefüllung notwendig, um den Bakterien keinen Alkoholschock zu versetzen, wodurch sie in ihrer Aktivität beeinträchtigt würden.

Nach Befüllung findet die Gärung ebenfalls noch ohne Bewegung statt. Die Belüftung erfolgt alle Wochen, indem die Flüssigkeit abgelassen wird. Danach wird der angegorene Essig neuerlich über die Späne gegossen. Wenn der Essig den gewünschten Säuregehalt hat, kann er entnommen und der Behälter neuerlich befüllt werden. Durch die Temperatur und die Anzahl der Entnahmen kann eine gewisse Steuerung erfolgen. Gleichzeitig erfolgt bei der Entnahme größerer Mengen auch eine Kühlung, so dass zu hohe Temperaturen vermieden werden können. Es ist jedoch auch hier darauf zu achten, dass die Temperatur nicht unter 26 °C sinkt. Bei Wiederbefüllung mit neuem Grundmaterial sollten ungefähr 10 % der Essigmenge im Bottich verbleiben, denn dann können auch Getränke mit höherem Alkoholgehalt eingefüllt werden, ohne die Essigbakterien zu beeinträchtigen.

Ideal für die Essigproduktion sind Temperaturen um die 28 °C

*Vorteile*

- Geringe Investitionskosten (nur ein Bottich und Späne sind notwendig)
- Keine Energiekosten bei Vergärung im Sommer
- Geringer Arbeitsaufwand, da nur die Umfüllung notwendig ist

*Nachteile*

- Längere Gärdauer, weil keine kontinuierliche Belüftung erfolgt
- Bei zu langsamer Neubefüllung teilweise Verderb und Absterben der Bakterien
- Eine Steuerung ist nur bedingt möglich (Wechselgeschwindigkeit und Anzahl der Belüftungen)

### Drehbildnerverfahren

Dieses Verfahren kommt vom Drehwendefass. Ein liegendes Holzfass wird der Länge nach durch einen gelöcherten Boden geteilt. Eine Hälfte des geteilten Fasses wird mit Buchenspänen oder Maisspindeln befüllt. Der andere Teil bleibt frei. Über der Mittelachse sind Öffnungen, damit die Luft ungehindert dazu kann. Das Fass wird dann zur Hälfte befüllt. Während des Wendevorganges, der täglich einmal erfolgen sollte, werden dann die Luftzutrittslöcher geschlossen, um ein Auslaufen zu verhindern. Die regelmäßige Belüftung der Späne bedeutet reichliche Sauerstoffzufuhr und damit eine rasche und recht gute Gärung. Wichtig ist aber auch bei diesem Verfahren, streng darauf zu achten, dass die Temperatur nicht absinkt.

Dieses Drehbildnerverfahren funktioniert nicht nur mit Holzfässern, sondern hier kann auch moderne Technologie zum Einsatz kommen. So eignen sich beispielsweise ausrangierte Behälter, die zur Rotweinbereitung verwendet wurden, hervorragend für dieses Verfahren. Die verschiedenen Möglichkeiten, Behälter dazu zu bringen, sich zu drehen, sind eine Herausforderung für jeden Bastler. Denn besonders bei Kleinmengen lohnt es sich zu experimentieren. Obwohl man mit dem Drehbildnerverfahren gute Erfolge erzielt, zählt es noch nicht zu den leistungsfähigsten Verfahren. Der Essig kann allerdings bei gleichbleibender Temperatur schon nach einer Woche fertig sein, so dass auch hier bei stetiger Befüllung große Mengen erzeugt werden können. Wenn der Essig den gesetzlichen Anforderungen entspricht, so werden ungefähr 80 % abgelassen. Der Rest verbleibt im Behälter, um wie bei den bisherigen Verfahren als Bakterienquelle für die nächste Füllung zu dienen.

Die Drehhilfe für dieses Verfahren kann auch in Eigenregie gebaut werden

*Vorteile*
- Regelmäßige Durchlüftung ohne besonderen Mehraufwand
- Zeitlich steuerbar mittels Drehhilfen
- Schnelle Vergärung bei optimaler Temperatur
- Geringe Kosten im Eigenbau oder bei Verwendung von Holzfässern

*Nachteile*
- Fertige Behälter sind fast nicht erhältlich (nur Sonderanfertigungen vom Fassbinder, die allerdings teuer sind)
- Verbesserte Formen sind technologisch schon relativ aufwändig
- Einfache Geräte müssen mit der Hand bedient werden

### Schützenbachverfahren

Das Schützenbachverfahren ist derzeit das beste und einfachste für den kleinbäuerlichen Bereich. Dieses Verfahren unterscheidet sich gegenüber dem Boerhave- und dem Drehbildnerverfahren hauptsächlich dadurch, dass die Trägersubstanz nie ganz in der Flüssigkeit ist.

Das Schützenbachverfahren eignet sich besonders für kleinbäuerliche Betriebe

Beim Schützenbachverfahren werden Essigbildner verwendet, die in der Regel eine Höhe von zwei Metern und einen Durchmesser von einem Meter haben. Im oberen Drittel befindet sich als Zwischenschicht ein gelochter Boden.

Als Materialien hierfür eignen sich:
- Holz
- glasfaserverstärkte Kunstharztanks
- Steingut
- Edelstahl

Der gelochte Boden kann entweder aus Edelstahl oder aus Holz sein. Er trennt die Trägersubstanz vom Essig. Der Boden wird bis knapp unter die Oberfläche mit Spänen oder Maisspindeln befüllt, wobei sich hier die Maisspindeln als vorteilhafter erwiesen haben. Ein Ablaufhahn am Boden ist unbedingt notwendig. Mit dem Hahn wird dann während der Vergärung immer wieder der Essig entnommen, der oben erneut aufgebracht wird. Die kontinuierliche Sauerstoffzufuhr kann ebenfalls von unten erfolgen. Zumeist genügt aber der Sauerstoff, der von oben mit den flüssigen Teilchen mitgerissen wird.

Das Schützenbachverfahren arbeitet folgendermaßen:

Das Trägermaterial wird mit Essigbakterien beimpft. Gleichzeitig erfolgt eine Beimpfung des Rohproduktes, das bei erstmaliger Befüllung nicht mehr als 6 %vol Alkohol aufweisen sollte. Die Befüllung des Behälters erfolgt dann von oben, möglichst gleichmäßig über das Trägermaterial verteilt. Als Verteiler können Brausen, Sprühstege oder kleine Spritzköpfe verwendet werden. Der Gärständer wird dann so lange befüllt, bis ungefähr 80 % der möglichen Füllmenge unterhalb des Zwischenbodens voll sind, dann sind alle Bakterien in das Getränk eingebracht. Wer keine neuen Bakterienkulturen zur Verfügung hat, kann sich auch mit Essig, der in Gärung ist, oder mit einer gesunden Essigmutter behelfen.

Für regelmäßige Belüftung sorgt eine Pumpe mit Zeitschaltuhr

Danach wird der Essig mehrmals täglich von unten nach oben gepumpt. Beim Zurückrinnen nach unten streicht er am Trägermaterial, das sich allmählich mit einer Essigmutter überzieht, vorbei. Durch die Sauerstoffeinbringung von unten, die ebenfalls, wie schon beim offenen Gärverfahren beschrieben, mittels Verteilerfritten erfolgen kann, kommt es zu einer regelmäßigen Belüftung. Die Luft muss durch das Aufsteigen auch durch die Trägerschicht durch, was zu einer intensiven Vermehrung der Essigbakterien führt. So wird immer frischer Sauerstoff im Gegenstrom am Essig vorbeigeführt.

Das Rundpumpen sollte periodisch mehrmals täglich erfolgen. Gut bewährt hat sich sechsmal am Tag, jeweils ungefähr 15 Minuten lang zu pumpen. Dabei kommt es aber auch auf die Leistung der Pumpe an. Es genügen durchaus kleinste Leistungen, wenn man bereit ist, länger zu pumpen. Ein dauerndes Pumpen führt allerdings nicht immer zu befriedigenden Ergebnissen, da der eingebrachte Sauerstoff nicht so schnell umgesetzt werden kann. Dazu kommt, dass sehr hohe Energiekosten entstehen. Die Steuerung der Pumpe erfolgt mittels Zeitschaltuhr. Das Trägermaterial soll aber auch nie vollständig abtrocknen, um eine Schädigung der Bakterien zu vermeiden. Besonders wichtig ist, dass die Temperatur von ungefähr 28 °C immer beibehalten wird.

Achten Sie beim Kauf der Pumpe auf deren Säurebeständigkeit

*Vorteile*
- Recht gute Ergebnisse im Kleinbetrieb
- Verhältnismäßig niedrige Anschaffungskosten

- Durch Raumtemperatur leicht steuerbar
- Geräte können ohne großen Arbeitsaufwand betrieben werden.
- Belüftung von unten reguliert Sauerstoffaufnahme im Gegenstrom

*Nachteile*

- Energiekosten durch Pumpe, vor allem bei dauerndem Betrieb
- Selbsterhaltung der Temperatur bei Heizungsausfall ist nicht möglich.
- Automatisierung nur bedingt möglich

### Rundpump- oder Generatorverfahren

Das Generatorverfahren, auch Großraumbildner- oder Rundpumpverfahren genannt, arbeitet prinzipiell ähnlich dem Schützenbachverfahren. Der Essigbildner ist allerdings um einiges größer. Diese Größe macht während des Rundpumpens eine Kühlung der Maische notwendig. Würde der gärende Essig hier nicht gekühlt werden, würden die Essigbakterien in kurzer Zeit durch zu große Wärme geschädigt werden.

Bei diesem Verfahren muss der gärende Essig unbedingt gekühlt werden

Gewöhnlich weisen diese Essigbildner, die vorwiegend aus Holz gebaut werden, eine Höhe von 4–5 Metern auf. Ihr Durchmesser beträgt zwischen 3,5 und 4 Metern. In diesen Generator werden dann auf einem Lochboden bis 60 $m^3$ Späne, die fast immer aus Buchenholz sind, gefüllt. Es gibt aber auch extrem große Bildner, die bis zu 250 $m^3$ Späne fassen können.

Der umzuwandelnde Alkohol wird wie beim Schützenbachverfahren von oben gleichmäßig über die Späne verteilt. Die Flüssigkeit sickert dann von oben nach unten durch. Dabei wird alle Meter die Temperatur gemessen, um Überhitzungen zu vermeiden. Ebenso wie beim Schützenbachverfahren wird auch hier die Luft von unten eingebracht. Die Luftzu-

*Moderne Essigproduktion*

fuhr erfolgt mittels Ventilator und Einbringdüse im Gegenstrom, um eine möglichst gute Sauerstoffausnutzung zu erreichen.

Der beginnende Essig wird am Boden des Essigbildners mittels Pumpe entnommen und nach oben geführt. Wenn der Großraumbildner vollständig arbeitet, so kann kontinuierlich zugeführt und entnommen werden. Ein Rundpumpen ist dann nicht mehr nötig.

Zwischen Entnahme- und Aufbringstelle ist eine Kühlanlage, wie bei der Brandbereitung, angebracht. Der Kühler ist zumeist ein Röhrenkühler, um Platz zu sparen und eine entsprechende Kühlleistung zu erreichen. Die Flüssigkeit wird auf die vom Essigbildner benötigte Temperatur abgekühlt. Dies ist durch die vorher erwähnten Messungen möglich. Über die Menge, die aufgebracht wird, sowie über die Steuerung der Luftzufuhr in den Essigbildner und die Temperatur der aufgebrachten Flüssigkeit kann eine Überhitzung im Generator verhindert werden. Die Arbeitstemperatur beträgt auch hier zwischen 28 und 32 °C. Durch diese Selbststeuerung ist die Essigbereitung von der Außentemperatur weitgehend unabhängig, so dass die Essigproduktion auch in kühlen Räumen möglich ist. Bei kontinuierlichem Betrieb wird die Anlage über Kühlplatten im Inneren des Behälters direkt gekühlt.

Die Leistung dieser Generatoren beträgt täglich ca. 5 Liter Alkohol oder mehr pro Kubikmeter Späne. Somit erfolgt in 8 bis 10 Tagen eine Umwandlung des Alkohols in Essigsäure mit einer Ausbeute von mehr als 90 %, was als sehr gut zu bezeichnen ist. Bei kontinuierlicher Produktion erfolgt die Umwandlung binnen 48 Stunden, abhängig von der Durchflussleistung. Großraumbildner werden und wurden bis vor Kurzem als Hauptproduktionstechnologie für die Essigbereitung eingesetzt. Kleine Essigbildner können auch in der bäuerlichen Obstverarbeitung verwendet werden. Großgeräte überschreiten die Kapazitäten bei Weitem. Die Späne werden je nach Verschleimungsgrad mehrere Jahre im Gerät belassen. Wenn ein Wechsel nötig ist, ist das Material allerdings als Sondermüll zu entsorgen.

**Kleine Essigbildner eignen sich auch für den bäuerlichen Betrieb**

*Vorteile*

- Gerät steuert sich selbst.
- Hohe Durchsatzleistungen bei bester Oxidation
- Sehr gute Qualität
- Große Produktionsmengen möglich
- Nicht abhängig von der Außentemperatur
- Beinahe vollautomatisch

*Nachteile*

- Für bäuerliche Betriebe meist zu groß
- Hohe Anschaffungskosten
- Nicht letzter Stand der Technologie

*Verschiedene Submersanlagen*

## Submersgärverfahren

Das submerse Durchlüftungsverfahren ist der letzte Stand der Technologie. Dabei erfolgt eine intensive Durchlüftung im Behälter. Die ständig belüftete Flüssigkeit wird durch frei schwebende Bakterien in Essigsäure umgewandelt. Es kommt zu keiner Verschleimung der Trägersubstanz und zu einer besonders reinen Essiggärung.

Bei der Produktionsart wird hierbei zwischen

- niedrigprozentiger Gärung und
- hochprozentiger Essiggärung

unterschieden.

### Niedrigprozentiger Essig

Für niedrigprozentigen Essig müssen anfangs sehr große Mengen von Bakterien erzeugt werden

Von niedrigprozentigem Essig spricht man dann, wenn der Essigsäuregehalt unter 9 % liegt. Bei diesem Essig, der von bäuerlichen Betrieben hauptsächlich produziert wird, besteht nur die Gefahr, dass er während der Erzeugung mit fremden Bakterien infiziert wird. Bei der erstmaligen Befüllung wird eine Mischung aus Fruchtwein und in Gärung befindlichem Essig eingefüllt. Nachdem am Anfang möglichst große Mengen von Bakterien erzeugt werden müssen, wird ohne Frischluftzufuhr gearbeitet. Erst wenn genügend Grundbakterien vorhanden sind, wird Frischluft zugeführt, weil dann keine Alkoholverluste mehr auftreten können. Sobald der Alkoholgehalt unter 0,3 %vol gesunken ist, wird der Essig vom Acetator ausgestoßen und in den Reifetank gepumpt. Ungefähr die Hälfte des fertigen Essigs verbleibt zum Beimpfen der neuen Befüllung im Tank. Bei kontinuierlichem Betrieb wird immer so viel Essig entnommen, dass eine Neubefüllung den Alkoholgehalt nicht über 0,3 %vol ansteigen lässt. Moderne Systeme arbeiten hierbei mit automatischen Steuerungen, so dass die Überwachung nur noch teilweise erforderlich ist.

### Hochprozentiger Essig

Diese Form der Essigbereitung ist für die bäuerliche Produktion eher ungeeignet. Mittels spezieller Bakteriennahrung und Enzymeinsatz wird der hohe Alkoholgehalt für die Bakterien verträglich gemacht. Es wird schon von Beginn an mit einer sehr hochprozentigen Grundlage, meistens mit hochprozentigem Essig, gearbeitet. Der Grundgehalt an Essigsäure soll bereits vor der Vergärung ungefähr 7 % betragen. Der restliche Gärvorgang entspricht dem vorher beschriebenen chargenweisen Betrieb. Insgesamt ist diese Form jedoch sehr energieaufwändig und nur bei sehr großen Mengen zu empfehlen.

Hochprozentige Essiggärung ist nur für große Mengen sinnvoll

Über die Art der Belüftung wird zwischen zwei submersen Verfahren unterschieden.

### Großanlagen mit Turbinen

Diese Anlagen, die den Firmen je nach Größe fertig geliefert werden oder vor Ort installiert werden müssen, bestehen gewöhnlich aus dem Behälter zur Essigbereitung, einem speziellen Belüfter, der Schaumabtrenneinrichtung, einem Ausstoßtank, dem Kühler und der automatischen Regeleinrichtung. Im Gärtank erfolgt unter ständiger Belüftung eine Verwirbelung. Die Einbringung von Sauerstoff geschieht durch den am Boden befindlichen Belüfter, der gleichzeitig eine Rotation des Essigs bewirkt. Die Bakterien sind direkt im Essig, so dass eine Verschleimung nicht mehr möglich ist. Der fertige Essig, der durch die Regeleinrichtung automatisch ausgestoßen wird, kommt dann in den Ausstoßtank und wird von dort weg weiter behandelt. Wichtig ist hierbei schnelles Filtrieren, um die Bildung einer Essigmutter zu vermeiden. Bei größeren Anlagen wird hauptsächlich mit Strömungsfiltern gearbeitet.

Die Bildung einer Essigmutter ist bei diesen Anlagen nicht erwünscht

Je nach Größe des Behälters ist eine Produktionskapazität zwischen 75 und 600 Litern Alkoholumsatz täglich möglich. Die kleinste Anlage, die derzeit in Serie produziert wird, ermöglicht eine maximale Produktion von 21.000 Litern Essig bei einem Säuregehalt von 10 %. Dabei wird allerdings mit Essigbakterien in Reinkultur gearbeitet, um jegliche Fehler zu vermeiden.

### Kleinanlagen mit Venturidüsen

Bei diesen derzeit am häufigsten verwendeten Kleinanlagen erfolgt die Belüftung über Pumpensysteme mit eingebauten Venturidüsen. Die Anlagen werden in Größen zwischen 20 und 600 Liter Füllmenge hergestellt. Die eingesaugte Luft wird zentral mikroverwirbelt, so dass die Umwandlungszeiten zwischen 3 und 5 Tagen betragen – abhängig vom Alkoholgehalt und den Gerbstoffen des Grundproduktes. Auch Schwefelgehalt und verschiedene Zusatzstoffe können die Produktion deutlich beeinflussen. Diese Kleinanlagen sind für bäuerliche Produzenten und

*Kühlung einer Kleinanlage*

Anlagen mit Venturidüsen bieten optimales Aroma durch längere Umwandlungszeiten

für Hobby-Essigmacher ideal. Denn durch die etwas längeren Umwandlungszeiten ist eine optimale Aromaausbeute mit bis zu 95 %igem Wirkungsgrad möglich. Diese Anlagen bestehen aus Edelstahl und beinhalten meist Kühlung und Heizvorrichtung, so dass in jedem Raum produziert werden kann.

*Vorteile*
- Vollautomatischer Betrieb
- Keine Verschleimung
- Gleichbleibende Essigqualität bei gleicher Rohware
- Säuregehalt kann genau gesteuert werden.
- Geringer Personal- und Überwachungsaufwand
- Alle Obstarten möglich

*Nachteile*
- Für Kleinbetriebe nur gemeinschaftlich interessant
- Relativ hohe Kosten
- Kann nur selten voll genutzt werden.

## Das Verfahren der Balsamessigproduktion

Balsamessig, eine Spezialität des Raumes um Modena (Italien), zählt zu den teuersten Essigarten, die unsere Küche kennt. Er wird von manchen als Krönung der Essigproduktion bezeichnet. Was verleitet nun Konsumenten dazu, für einen fast schwarzen Essig einen derart immensen Preis zu bezahlen, für den er von anderen Essigarten schon beinahe ein Fass oder einen Kanister voll bekommen könnte? Andererseits: Warum kostet Balsamessig im Supermarkt weniger als Apfelessig? Vielfach ergibt sich der Preis über die Produktionsmethode, wobei man drei Arten unterscheidet:

Die Preis- und Qualitätsunterschiede bei Balsamico sind teilweise enorm

- Die traditionelle Herstellung
- Günstigere Herstellung mit Lagerung
- Mischen und verkaufen – Hauptsache billig

### Das traditionelle Verfahren

Guter Balsamessig kann 30 und mehr Jahre brauchen, bis er seine unverwechselbare Qualität erreicht. Was ist nun das „Geheimnis" dieses Essigs, und wie wird er produziert?

Balsamessig wird aus Trauben bereitet. Im Gebiet um Modena wird hauptsächlich die Trebbianotraube verwendet, die einen hellen Weißwein mit würzigem Aroma ergibt. Der Wein wird zumeist trocken ausgebaut. Vielfach wird diese Traube auch zur Sektbereitung verwendet. Es können aber beinahe alle Weißweinsorten und auch Fruchtweine zur Balsamessigbereitung verwendet werden. Von den Fruchtweinen allerdings nur Apfel- oder Birnenwein, da Beeren- oder Steinobst vollkommen untypische Produkte ergeben würden.

Wichtig ist eine vollreife Grundware mit einem möglichst hohen Zuckergehalt, um dem Balsamessig seine spezielle Würze zu verleihen.

Die Trauben werden gerebelt und in Gärung gebracht. Nach kurzer Angärzeit, vor der stürmischen Gärung, wird dann der Saft abgeseiht und gepresst. Dieser in Gärung befindliche Wein wird nun langsam unter ständigem Kochen bis auf die Hälfte des Ausgangsvolumens eingedickt. Mit diesem Eindickvorgang wird die Gärung unterbrochen und der Extraktgehalt erhöht.

Je flacher die Pfanne ist, um so schneller geht das Eindicken vor sich. Die Eiweißverbindungen, die während dieser Zeit als weißer Schaum an die Oberfläche steigen, werden ständig abgeschöpft. Der Einkochbehälter wird so lange befüllt, bis er voll ist und der Extraktgehalt des fertigen Konzentrates mindestens 30 °Brix erreicht hat.

Dieses Konzentrat lässt man auskühlen. Ist der Weinsäuregehalt zu hoch, dann wird es entsäuert. Durch diese Standzeit setzen sich auch viele Gerbstoffe und das gesamte thermolabile Eiweiß, welches später Trübungen verursachen könnte, am Boden ab. Nach ungefähr drei Tagen Standzeit wird das Mostkonzentrat in das Essigfass gefüllt.

Besonders teurer Balsamessig wird 30 Jahre und länger gelagert

*Balsamicofässer in der Azienda Agricola Manicardi*

Ein „Geheimnis“ der Balsamessigbereitung ist die lange Gärdauer, wobei Zucker in Alkohol und dieser dann in Essigsäure umgewandelt wird. Ein weiteres „Geheimnis“ ist die Verwendung verschiedener dunkler Holzarten, wie Eiche, Maulbeere und Kastanie. Jede dieser Holzarten bringt einen typischen, unverwechselbaren Charakter in den fertigen Essig ein.

Zur Balsamessigbereitung sind verschieden große Holzfässer nötig, die auch aus den eben genannten Holzarten bestehen können. Empfehlenswert sind je ein Fass zu 100 Litern, 70 Litern, 50 Litern, 30 Litern und zu 10 Litern.

Das erste Fass wird mit dem eingedickten, angegorenen Most befüllt. Dazu kommen noch einige Liter eines gerade in Gärung befindlichen Balsamessigs oder, falls dieser nicht vorhanden ist, eines gewöhnlichen Essigs in Gärung . Wichtig ist, dass das Fass nie zur Gänze befüllt wird, damit genügend Sauerstoff für die Essiggärung Platz hat. Gleichzeitig muss auch hier die Temperatur konstant gehalten werden. Besonders wichtig ist bei dieser Form der Essigbereitung, dass die Umgebungsluft nicht zu feucht ist, damit die zusätzliche Verdunstung über die Fassdauben möglich ist.

Der Essig wird Jahr für Jahr in immer kleinere Holzfässer umgefüllt

Der Essig verbleibt nun im ersten Jahr in diesem Fass. Danach, das heißt, sobald der nächste Konzentratmost vorliegt, wird er ins nächstkleinere Fass umgefüllt. Der neue Konzentratmost im ersten Fass wird nun mit dem in Gärung befindlichen Essig aus dem zweiten Fass beimpft und aufgefüllt. So entsteht auch im zweiten Fass ein Luftraum. Wichtig ist dabei immer, dass zuerst das Fass mit der frischen Grundware befüllt wird und erst dann mit dem Essig aus dem kleineren Fass. Durch die Umfüllung kommt der bereits angegorene Essig mit Sauerstoff in Berührung, so dass die Gärung weitergehen kann. Nach einem Jahr erfolgt das nächste Umfüllen ins nächstkleinere Fass. Nach fünf Jahren kann dann dem letzten Fass Balsamessig entnommen werden. Durch die starke Verringerung der Menge und das hohe Alter erklärt sich auch der hohe Preis. Es gibt Verfahren, bei denen der Essig fünfundzwanzig Jahre braucht, bis er entnommen werden kann, doch diese Zeitspanne will ich dem geneigten Leser nicht zumuten.

Wichtig ist jedenfalls die Rückbefüllung mit älterem Essig, denn nur dann erhält man diese hochwertige Qualität.

Sehr alter Balsamessig ist dunkel, süßlich und oft leicht ölig

Durch die Auslaugung der Holzverbindungen und durch das Einkochen kommt es zur dunklen Farbe. Nachdem der gesamte Zucker nie vergoren werden kann, schmeckt ein solcher Essig immer süßlich und wird deshalb besonders zur Abrundung vieler Speisen, aber natürlich auch für Salate verwendet.

### Die günstige Herstellung mit Lagerung

Qualitätsbetriebe versuchen den traditionellen Weg mit modernen Methoden zu verbinden, so dass der Essig günstiger wird, aber immer noch eine hohe Qualität aufweist. Üblicherweise wird dazu fertiger Essig mit Traubensaftkonzentrat oder eingedicktem Fruchtsaft verschnitten und mindestens 4 Jahre in Holzfässern gelagert. Während der Lagerungszeit laugt der Essig die Geschmacksstoffe des Holzes aus, wodurch sein Geschmack intensiviert wird. Um die dunkle Farbe zu erhalten, wird zumeist Zuckerfarbe (Karamel) zugesetzt. Durch den hohen Säuregehalt direkt zu Beginn ist das Risiko deutlich niedriger als bei der traditionellen Balsamessigbereitung. Gute Essige weisen auch hier einen Trockensubstanzgehalt von etwa 30 °Brix auf.

Auch nach mindestens vier Jahren Lagerzeit wird die dunkle Färbung meist durch Karamel erreicht

### Mischen, Verkaufen – Hauptsache billig

Der Großteil der am Markt befindlichen Essige sind billigster „Essigmüll“, welcher aus Abfallwein, Traubensaftkonzentrat, oftmals auch Zucker, Zuckercouleur, Holzextrakten, Schwefel und Konservierungsmitteln hergestellt wird. Dabei werden die einzelnen Zutaten gemischt und dann in die Flaschen abgefüllt. Diese industriell hergestellten Balsamessige sind zumeist zwar süß, weisen aber sonst keine Eigenschaften von Balsamessig auf. Moderne Betriebe verzichten teilweise auf das Färben und verkaufen das Produkt dann als weißen Balsamessig. Damit ist nicht einmal mehr die Farbe so, wie sie bei Balsamessig zu sein hat. Aber solange Konsumenten günstig und ohne Qualitätsdenken einkaufen, besteht ein Markt für derartige Produkte. Qualitätsessigproduzenten können nur durch Aufklärungsarbeit diesem Trend entgegenwirken.

# Die Säurebestimmung

Um den vorgeschriebenen Mindestwert von 5 % nicht zu unterschreiten, muss der Säuregehalt bestimmt werden

Die Bestimmung der Säure im Essig ist etwas schwieriger als im Most. Vor allem muss die Säure hier genau bestimmt werden, um den gesetzlichen Mindestwert von 5 % nicht zu unterschreiten. Bei der Bestimmung mittels Blaulauge sind die Ergebnisse nicht so genau, da für exakte Ergebnisse große Mengen verwendet werden müssten.

*Zur Essigbestimmung werden benötigt:*
1 Standbürette mit mindestens 50 ml Inhalt
1 Messkolben mit Ringmarke für 1000 ml und Stopfen
1 Erlenmeyerkolben 100 ml Enghals
1 Tropfflasche oder 1 Tropfer
1 Vollpipette 10 ml

*Reagenzien:*
Natronlauge 1 normal
Phenolphtaleinlösung als Indikator

Für die Essigbestimmung werden im 200 ml Erlenmeyerkolben 10 ml Essig vorgelegt. Die Menge von 10 ml wird mit der Vollpipette gemessen.

*Bild links: Essig pippetieren*
*Bild Mitte: Indikator dazugeben*
*Bild rechts: Titrieren*

*Bild links: beinahe fertig*
*Bild rechts: übertitriert*

Anschließend werden drei Tropfen Phenolphtalein in den Essig gegeben. Die Titration (Maßanalyse) mit Natronlauge erfolgt so lange, bis eine blassrosa Färbung auftritt. Danach wird der Verbrauch in ml abgelesen. Die Berechnung sieht folgendermaßen aus:

% Essigsäure = Verbrauch ml Natronlauge x 0,6

# Die Stabilisierung und Klärung

## Stabilisierung

Schon sehr früh entdeckten findige Verarbeiter, dass durch Zugabe verschiedener Trennsäfte eine Klärung erreicht werden kann. Diese Trennsäfte stammten anfangs immer von Mostbirnen oder Speierlingen (Wildobstbäume aus der Familie der Rosengewächse), was auf deren hohen Gerbstoffgehalt zurückzuführen ist.

Diese Mittel bezeichnete man als Schönungsmittel, wegen der Verschönerung des Saftes.

Verschiedene Ziele der Schönung:

- Eine Vorklärung, um die nachfolgende Trubabtrennung zu erleichtern.
- Eine Stabilisierung aller im Produkt vorhandenen Stoffe, damit das Getränk in der Flasche nicht trüb wird.
- In manchen Fällen eine Verbesserung des Geschmacks.

Die Hauptaufgabe der einzelnen Schönungsmittel besteht darin, ein Produkt zu schaffen, welches frei von Trübungsstoffen ist. Weiter ist eine Stabilisierung der wichtigsten Inhaltsstoffe vor nachfolgenden, beim fertigen Essig auftretenden Trübungen notwendig. Hier insbesondere Eiweiß und, vor allem bei der Verwendung von Mostbirnen zur Essigbereitung, die Stabilisierung der Gerbstoffe, die sich im Geschmack durch einen zusammenziehenden Ton bemerkbar machen.

Durch die Schönung werden Aussehen und Qualität des Essigs verbessert

Für die Essigproduktion kommen nur einige wenige Schönungsmittel in Frage.

**Gelatine**

Gelatine, die als Speisegelatine eingesetzt wird, dient zur Klärung und teilweisen Geschmacksverbesserung durch den Entzug von gerbenden Stoffen. Gelatine wird trocken als Blatt- oder Pulvergelatine angeboten. Die Anwendung erfolgt nach Vorproben mit einer 1 %igen Gelatinelösung. Gewöhnlich liegt diese Menge zwischen 5 und 30 g/hl oder 20 bis 150 ml/hl.

### Kieselsol

Kieselsol besteht aus einer 15–30 %igen Kieselsäurelösung und wird zur Klärung von Säften verwendet. Die Verwendung erfolgt immer gemeinsam mit einer Gelatineschönung. Vorproben sind meistens nicht notwendig, da Kieselsol in einer Menge, die zehnmal so hoch ist wie die der Gelatine, angewandt wird.

### Bentonit

Bentonit — hochquellfähige Tonerde, die durch Verwitterung aus vulkanischer Asche entsteht — dient dazu, das Eiweiß der Frucht zu entfernen. Gleichzeitig entzieht Bentonit auch unangenehm schmeckende Bitterstoffe aus dem Grundwein. Es können auch Trägerstoffe von Spritzmitteln sowie Schwermetalle (Luftverschmutzung) entzogen werden. Bei der Saftbereitung werden durchwegs Mischbentonite verwendet. Diese Bentonite können in ihren mikroskopisch kleinen Poren Eiweiß einlagern und auf diese Art und Weise aus dem Saft entfernen. Gewöhnlich werden 300 g/hl angewandt.

Das verwendete Bentonit muss zehn Stunden vorquellen und kann dann zugesetzt werden. Nach der Zugabe muss das verwendete Bentonit ungefähr fünfzehn Minuten in Schwebe gehalten werden.

Welche Methode Sie wählen, hängt vor allem vom gewünschten Endprodukt ab

Der Einsatz der verschiedenen Behandlungsmittel hängt vom gewünschten Endprodukt ab. Empfehlenswert zur Stabilisierung von Essig sind demnach die Gelatineschönung, sofern sie nicht schon beim Grundprodukt gemacht wurde, und die Eiweißstabilisierung. Diese ist auch dann durchzuführen, wenn sie schon beim Ausgangswein gemacht wurde, denn während der Gärung entstehen immer wieder Eiweißverbindungen, die dann beim fertigen Essig zu Trübungen durch Temperaturveränderungen führen.

## Stabilisierung von Gerbstoffen und Vorklärung vor der Filtration

Die Gerbstoffe im fertigen Essig werden durch eine Gelatineschönung vollständig stabilisiert. Die Gelatineschönung erfolgt hier mit flüssiger oder pulvriger Gelatine nach Vorproben. Damit die Gelatineschönung, die gleichzeitig eine Vorklärung bedingt, auch entsprechend wirkt, wird gewöhnlich noch Kieselsol als Absetzhilfe verwendet. Die Absetzzeit beträgt zwischen ein und drei Tagen im fertigen Rohessig in einem speziellen Tank. Eine Schönung im Gärbehälter, egal welcher Art, kann zu einer Beeinträchtigung der Essigbakterien führen und ist zu vermeiden. Der Schönungstrub setzt sich dann ab und kann vor der Flaschenfüllung durch Filtration vollständig entfernt werden.

## Stabilisierung von Eiweiß und Bakterien

Die Eiweißstabilisierung ist bei der Essigproduktion beinahe unumgänglich, um ein vollkommen blankes Produkt längere Zeit zu erhalten. Gewöhnlich kommt es ohne Eiweißstabilisierung bei starken Temperaturschwankungen zu einem Ausflocken des thermolabilen (temperaturabhängigen) Eiweiß. Dieses kann durch zwei Methoden entfernt werden.

Durch starke Temperaturschwankungen kann das im Essig enthaltene Eiweiß ausflocken

### Schönung mittels Bentonit

Dabei wird das thermolabile Eiweiß vom Bentonit aufgenommen und aus dem fertigen Essig entfernt. Ob eine Schönung notwendig ist, wird entweder durch einen „Kälte-Wärme-Test" oder durch einen Bentotest festgestellt. Am einfachsten ist der Kälte-Wärme-Test, bei dem der Essig zuerst im Kühlschrank gekühlt, anschließend auf ungefähr 50 °C erhitzt und dann wieder rückgekühlt wird. Treten hier Trübungen auf, so ist das Eiweiß im Essig nicht stabil, und der Essig muss geschönt werden. Die Menge kann entweder durch Vorproben ermittelt werden, oder es werden pauschal 300 g/hl angenommen.

Der Bentotest, der fertig erhältlich ist, zeigt an, ob die Zugabe von Bentonit notwendig ist. Nach der Bentonitschönung wird der fertige Essig wieder vom Trub abgezogen und kann in Flaschen gefüllt werden.

Ein fertig erhältlicher Test zeigt an, ob eine Bentonit-Schönung erforderlich ist

### Erhitzung auf 60–65 °C mit anschließender Rückkühlung

Dieses Verfahren ist zwar etwas energieaufwändiger als die Bentonitschönung, führt aber ebenso sicher zum Ziel. Durch die Temperatur von 60–65 °C wird das Eiweiß zerstört und flockt aus. Der Vorteil dieses Verfahrens gegenüber der Schönung ist, dass die Bakterien, besonders die nicht erwünschten Schleimbakterien, zerstört werden. Letztere führen oft in der Flasche zur Bildung der Essigmutter. Allerdings ist bei diesem Verfahren eine Geschmacksbeeinträchtigung zu bemerken, besonders, wenn der Essig nicht sofort nach dem Erhitzen rückgekühlt wird. Die Rückkühlung kann durch einen zweiten Wärmetauscher erfolgen. Als besonders gut hat sich hier das Prinzip der Plattenwärmetauscher erwiesen, das kürzeste Erhitzungszeiten und, bei Verwendung eines zweiten Wärmetauschers, auch eine Rückkühlung ermöglicht. Nach dieser Behandlung flockt das Eiweiß aus und bildet zusammen mit den bereits zerstörten Bakterien am Boden einen Satz, der abfiltriert werden kann.

## Klärung

Vielfach wünschen die Konsumenten einen klaren Essig. Dies stammt zum Teil noch aus der Zeit, wo kein trüber Essig verkauft werden durfte. Moderne Produzenten bieten allerdings auch naturtrübe Essige an, da diese deutlich mehr Aroma haben. Allerdings sind klare Essige stabiler als trübe. Vor allem die Entfernung der Essigbakterien ist notwendig, damit es zu keiner Überoxidation kommt, was sonst einen zu geringen Säuregehalt oder die Bildung einer Essighaut mit sich bringen würde.

Trüber Essig ist geschmacksintensiver, aber auch weniger stabil als klarer

Es gibt drei Arten der Filtration:

### Die Schichtenfiltration

Bei der Schichtenfiltration wird die trübe Flüssigkeit durch eine Filterschicht aus Zellulose gedrückt. Die Filterschicht hat eine glatte und eine grobe Seite, wobei die grobe Seite immer die Eingangsseite ist. Zumeist wird mit sehr feinen Klärschichten gearbeitet, um einen hohe Klärungsgrad zu erreichen.

### Die Kieselgurfiltration

Der Hauptvorteil dieser Filtration, die als Anschwemmfiltration bezeichnet wird, ist, dass sehr große Filtrationsmengen kostengünstig möglich sind. Bei der Essigbereitung werden allerdings nur Vorfiltrationen durch Kieselgur gemacht. Ihre Klärschärfe reicht nicht aus, um die Bakterien zu entfernen.

### Die Membranfiltration

Genormte Membranfilter machen sich nur in größeren Anlagen bezahlt

Besonders bei größeren Anlagen ist heute die Filtration durch eine genormte Membran bereits Standard. Wegen der relativ hohen Kosten werden Membranfilter bei der bäuerlichen Essigbereitung allerdings selten verwendet.

### Die Sterilfiltration von Essig

Essig, der im Verkauf keine lebenden Bakterien mehr enthalten darf, ist unbedingt mittels Entkeimungsschichten oder Entkeimungsmembranfiltration zu behandeln. Bei dieser Filtration ist es notwendig, dass alle Leitungen, mit denen der Essig in Berührung kommt, steril sind. Eine Sterilmachung kann entweder mittels Wasserstoffperoxid oder durch Wasserdampf erreicht werden.

Dabei wird die Wasserstoffperoxidlösung 20 Minuten im System im Kreis gepumpt, anschließend 20 Minuten stehen gelassen und dann 20 Minuten mit Wasser gespült. Bei der Sterilmachung mit Dampf, die im Kleinbetrieb schwierig ist, wird das gesamte System 20 Minuten lang gedämpft und anschließend gespült. Erst danach kann mit der Filtration und Flaschenfüllung begonnen werden. Als Schichten kommen Sterilschichten in Frage. Bei der Filtration mittels Membranfiltern ist eine völlige Blankfiltration unbedingt notwendig. Im Kleinbetrieb genügt vielfach auch schon eine Filtration mittels Entkeimungsschichten, ohne vollkommene Sterilisation der gesamten Anlage. Besonders wenn der Essig pasteurisiert wurde, genügt die Feinfiltration mit Entkeimungsschichten, um ein stabiles und blankes Produkt zu erhalten. Sofort nach der Filtration muss der blanke Essig in Flaschen gefüllt werden, um jegliche Verunreinigung, zum Beispiel durch Schimmelpilze, zu vermeiden. Gleichzeitig könnte durch den Sauerstoff und durch die in der Luft umherschwirrenden Essigbakterien eine Neuinfektion erfolgen. Diese Neuinfektion bringt hauptsächlich überoxidierende Bakterien mit, die dann die vorhandene Essigsäure veratmen – und das Produkt wird unverkäuflich.

In Kleinbetrieben muss nicht immer die gesamte Anlage sterilisiert werden

Will man die sterile Abfüllung umgehen, so kann der Essig auch warm in Flaschen gefüllt werden. Dazu ist allerdings ein Durchlauferhitzer erforderlich, um Säureverluste durch längere Erwärmung zu verhindern. Die Abfüllung erfolgt dabei mit etwa 55 °C, damit das Aroma im fertigen Essig nicht durch Wärme zerstört wird.

# Die Flaschenfüllung

Die Flaschenfüllung erfolgt direkt nach der Filtration in vollkommen saubere, möglichst trockene Flaschen. Vor der Flaschenfüllung sollte der Essig aber in einem Labor oder in einer Untersuchungsanstalt auf seine Verkehrsfähigkeit, besonders Alkohol und Säure betreffend, untersucht werden. Sollte einer der beiden Werte dem Gesetz nicht entsprechen, so kann hier noch eine Weiterbehandlung erfolgen. Zumeist erfolgt die Untersuchung allerdings schon während der Vorbereitungsperiode, das heißt vor den Schönungen, wenn kurz danach die Flaschenfüllung erfolgen soll. Gewöhnlich kann die Flaschenfüllung durch einfache Geräte bewerkstelligt werden. Bei der Befüllung der Flaschen ist auf eine einheitliche Füllmenge zu achten, die der Inhaltsangabe entspricht.

Die Flaschen für den Essig müssen vollkommen sauber und möglichst trocken sein

## Möglichkeiten zur Flaschenfüllung

**Einfache Abfüllung mit Schlauch**

Bei dieser Variante, die besonders für Kleinmengen recht gut geeignet ist, wird der gereinigte und filtrierte Essig in einen Behälter gefüllt, der über den abzufüllenden Flaschen steht. Dann wird ein Gummischlauch oder ein lebensmittelechter Schlauch in den Behälter eingeführt. Durch einen Gummiball kann dann im Schlauch ein Unterdruck erzeugt werden, so dass der Essig in die Flasche rinnt. Als Alternative werden auch Geräte mit Gummistopfen angeboten, bei denen durch einen Druckball in der

Mit dem einfachen Schlauch ist die gleichmäßige Befüllung äußerst schwierig

Flasche Überdruck erzeugt wird, der dann den Essig in die Flasche drückt. Diese Variante ist zumeist besser regelbar. Egal ob mittels natürlichen Unterdrucks oder mittels Überdrucks, eine gleichmäßige Befüllung der Flaschen ist nur bedingt machbar.

**Abfüllung durch Niveaufüller**

Einfache Niveaufüller, einstellig bis mehrstellig, ermöglichen eine gleichmäßige Füllung aller Flaschen, da das Flüssigkeitsniveau im Vorratsbehälter immer gleich bleibt beziehungsweise durch einen Schwimmer geregelt werden kann. Dabei werden die Flaschen durch eine Hohlstange, die in die Flasche reicht, befüllt. Die Füllmenge kann über den Schwimmer voreingestellt werden. Bei einem mehrstelligen Füller können bereits größere Mengen bewältigt werden. Während die eine Flasche befüllt wird, wird die andere bereits abgenommen. Bei etwas besser ausgestatteten Füllern (bei dreistelligen Füllern ist das schon möglich) brauchen die Flaschen nicht mehr gehalten werden. Wichtig ist, falls der Essig heiß gefüllt wird, dass der Vorratsbehälter unbedingt aus Edelstahl und nicht aus Kunststoff ist, um ein Auslaugen des Weichmachers zu verhindern. Derartige Füller können dann auch für Fruchtsäfte und Obstwein verwendet werden.

In jedem Fall müssen die Flaschen nach dem Befüllen sofort verschlossen werden

**Rundfüller**

Diese Geräte, die in größeren Betrieben verwendet werden, sind für die Abfüllung ebenfalls geeignet. Wenn nur Essig produziert werden soll, sind sie meistens zu groß dimensioniert. Sie würden allerdings die Möglichkeit bieten, auch Kleinflaschen kontinuierlich zu befüllen.

Aber egal, welches Gerät verwendet wird, wichtig ist, dass immer auf peinliche Sauberkeit vor der Abfüllung geachtet wird. Wir dürfen auch

*Niveaufüller bei der Abfüllung*

nicht vergessen, dass Essig sehr bakterienanfällig ist, auch wenn er durch Bakterien entsteht. Wird mit dem Abfüllgerät auch Saft oder Obstwein gefüllt, so ist dieses vorher unbedingt mit einem für Lebensmittel geeigneten Reiniger zu reinigen. Am besten eignen sich Laugen, die gleichzeitig die Essigsäure binden und somit neutralisieren.

Wenn nun die Flaschen befüllt sind, müssen sie sofort verschlossen werden, um zu verhindern, dass Schimmel, Kahmhefen oder überoxidierende Bakterien in den Essig gelangen. Werden die Flaschen zu spät verschlossen, bildet sich bereits nach wenigen Tagen an der Oberfläche eine weiße Haut (Essigmutter oder Kahmhefe). Diese Haut kann zu Beanstandungen durch den Konsumenten führen und sieht auch unappetitlich aus.

*Verschiedene Flaschenformen*

## Die Flaschenverschlüsse

Zum Verschließen dürfen nur Verschlüsse oder Verschlusstechniken verwendet werden, die ein Öffnen vor der Konsumation jederzeit ersichtlich machen würden. Das heißt, dass der Verschluss entweder eine Sollbruchlinie (wie bei Mineralwasser), Unterdruck (wie bei Twist-off-Gläsern – machen beim ersten Öffnen „plop") oder einen Siegelstreifen haben muss.

### Kork

Kork, einer der ältesten Verschlussstoffe, wird heute bei der Essigbereitung gerne verwendet, besonders Griffkorken mit Holzgriff oder Korkgriff, da sie außerdem formschön sind. Gleichzeitig haben diese Korken den Vorteil, dass die Flasche damit immer wieder verschlossen werden kann. Korken ohne Griff sind nur bedingt zu empfehlen, da ein mehrmaliges Verschließen der Flasche nur sehr schwer möglich ist. Kork kann allerdings nur dann verwendet werden, wenn der Essig kalt abgefüllt wird. Bei der Heißfüllung würde der Kork beim Abkühlen in die Flasche gezogen werden.

Korkverschlüsse können nur für kalt abgefüllten Essig verwendet werden

### Kunststoff

Dieser Verschlussstoff, der nicht immer dem Umweltschutzgedanken entspricht, wird in der Essigvermarktung häufig eingesetzt. Besonders billigere Produkte werden mit Kunststoffverschluss mit Sollbruchlinie angeboten. Im Haushalt oder im bäuerlichen Betrieb sollte dieses Material eher nicht verwendet werden. Seine Vorteile bezüglich Reinheit und Hygiene sind allerdings nicht zu leugnen. Die Sollbruchlinie kann mit einfachen Hitzegeräten problemlos geschlossen werden. Es gibt auch bereits einige kleine Anrollgeräte dafür. Gummikappen, wie sie noch in

Großmutters Küchenkästen zu finden sind, zählen ebenfalls zu den Kunststoffen, dürfen allerdings nur bei Heißfüllung verwendet werden (Öffnungsregel). Aus hygienischen und optischen Gründen sind sie aber nicht zu empfehlen.

Verschlüsse aus Metall sind nur bei großen Produktionsmengen zu empfehlen

## Metall

Diese Verschlüsse werden von der Industrie bei höherwertigen Essigarten verwendet, erfordern aber durch das Anrollgerät eine höhere Investition und sind deshalb nur bei wirklich großen Mengen zu empfehlen.

# Die Kennzeichnung für den Verkauf

Alle Waren, die verkauft oder getauscht werden sollen, müssen entsprechend gekennzeichnet werden. Dafür sind zur Zeit zwei Gesetze maßgeblich:

- Die **Lebensmittelkennzeichnungsverordnung**
- Das **Österreichische Lebensmittelbuch** (siehe Gesetzesabschnitt)

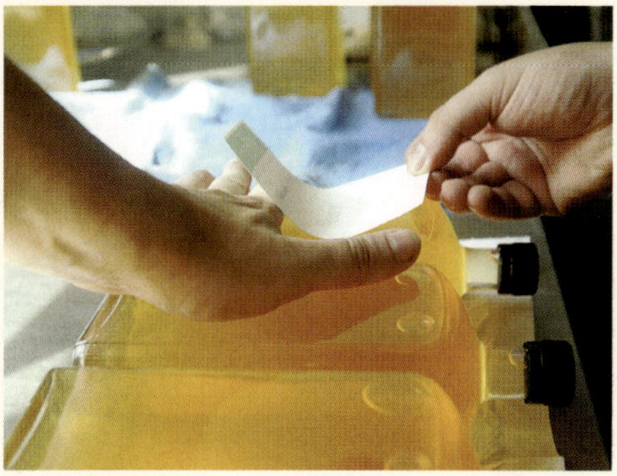

Die Lebensmittelkennzeichnungsverordnung schreibt vor, welche Angaben auf dem Etikett sein müssen. Es wird zwischen Hauptetikett und Rückenetikett unterschieden. Alle wichtigen Bestimmungen müssen auf dem Hauptetikett direkt im Sichtfeld zu finden sein.

## Auf dem Etikett müssen folgende Angaben sein:

### Die Sachbezeichnung

Die Sachbezeichnung gibt den Inhalt der Verpackung an. Sie setzt sich aus der Obstart und dem Produkt zusammen, wobei das Produkt allein nie verwendet werden darf. Bei einem Essig aus Apfelwein würde „Apfelessig" die Sachbezeichnung sein. Beim Zusatz fremder Stoffe, wie Honig, Saft oder anderen, muss dies ebenfalls auf dem Etikett stehen.

### Der Säuregehalt

Der Säuregehalt, der unbedingt vor der Flaschenfüllung ermittelt werden muss, muss in direktem Zusammenhang mit der Sachbezeichnung auf dem Hauptetikett zu finden sein. Wie im Auszug aus dem Lebensmittelbuch zu finden ist, beträgt der Säuregehalt mindestens 5 %. Unser Etikettierbeispiels-Essig weist einen Säuregehalt von 6 % auf, also müsste auf dem Etikett „6 % Säure" stehen.

Haupt- und Rückenetikett liefern die wichtigsten Infos auf einen Blick

### Die Essigart

Nachdem für uns nur Gärungsessig in Frage kommt, wird auf unserem Etikett „Reiner Gärungsessig" zu lesen sein.

### Der Name und die Adresse

Nachdem jeder, der Lebensmittel in Verkehr setzt, auch dafür haftet, dass diese in Ordnung sind, muss immer der Abfüller oder Vertreiber auf dem Etikett genannt werden. Der Beispielsproduzent nennt sich „Franz Essig" und ist wohnhaft in „Schützenbachstr. 5, A-8000 Sauerdorf", auch das muss dem Hauptetikett zu entnehmen sein. Die Telefonnummer am Etikett ist als Verkaufshilfe recht nützlich, muss aber nicht angegeben werden.

Die Füllmenge sollte möglichst nicht nur am Flaschenboden erkennbar sein

## Die Nettofüllmenge

Nachdem heute viele Gebinde bereits am Boden eine Einprägung der Nettofüllmenge haben, ist sie auf dem Etikett nicht immer zu finden. Um nun aber eine Irreführung des Konsumenten zu vermeiden und Missverständnissen vorzubeugen, sollte die Nettofüllmenge auch auf dem Etikett vermerkt werden. Besonders lange, schlanke Flaschen täuschen oft eine größere Menge vor, als dann tatsächlich in der Flasche ist. Nachdem unser Essig eine hohe Qualität aufweist, wird er in 0,5-Liter-Flaschen abgefüllt.

## Die Chargennummer

Jedes Lebensmittel, dessen Haltbarkeitsdatum nicht mit Tag, Monat und Jahreszahl gekennzeichnet ist, muss eine eigene Chargennummer, die vom Produzenten selbst vergeben wird, haben. Diese Nummer, die durch ein großes „L" erkennbar ist, wird bei jeder Abfüllung neu vergeben, so dass jederzeit jede Flasche rückverfolgbar ist, falls Probleme mit dem Produkt auftreten sollten. Das „L" kommt von der Bezeichnung Loskennzeichnungsverordnung. Nachdem die Beispielsabfüllung die erste ist, bekommt sie die Nummer „L11AE", die nicht auf der Hauptetikette stehen muss.

Zutaten werden in mengenmäßig absteigender Reihenfolge angeführt

## Die Zutatenliste

Werden zur Bereitung des Essigs oder vor der Abfüllung geschmacksabrundende Stoffe oder Kräuter zugesetzt, so sind diese ebenfalls am Etikett anzuführen. Wichtig ist dabei die mengenmäßig absteigende Reihenfolge aller Zutaten. Bei einem Kräuteressig könnte die Zutatenliste etwa folgendermaßen lauten: „Zutaten: Apfelessig, Oregano, Salbei, Petersilie und Salz".

## Kennzeichnungselemente von Essig

| | |
|---|---|
| **Apfelessig** | *Sachbezeichnung* |
| **6% Säure** | *Essigsäuregehalt* |
| **Reiner Gärungsessig** | *Essigart* |
| **0,5 Liter** | *Nettofüllmenge* |
| **Franz Essig**<br>**Schützenbachstraße 5**<br>**A-8000 Sauerdorf**<br>**Tel. 03333/3333** | *Name und Adresse* |
| **L11AE** | *Chargennummer (mit „L" im Text)* |

| | |
|---|---|
| **Kräuteressig** | *Sachbezeichnung* |
| **6% Säure** | *Essigsäuregehalt* |
| **Reiner Gärungsessig** | *Essigart* |
| **0,5 Liter** | *Nettofüllmenge* |
| **Franz Essig**<br>**Schützenbachstraße 5**<br>**A-8000 Sauerdorf**<br>**Tel. 03333/3333** | *Name und Adresse* |
| **Zutaten:**<br>**Apfelessig, Oregano, Salbei, Petersilie, Salz** | *Zutatenliste* |
| **L11AE** | *Chargennummer (mit „L" im Text)* |

# Die Wirtschaftlichkeit der Essigbereitung

Vielfach ist die Wirtschaftlichkeit einer Produktion vor dem Start, vor allem wenn das Produkt vermarktet werden soll, genau zu kalkulieren. Auf den folgenden Seiten erfolgt die Kalkulation mit Zahlen und Kosten, wie sie heute für einen kleinen Essigbetrieb anfallen. Als technologische Ausstattung wird von einer 150-Liter-Anlage mit den Kosten von 7464 Euro und einer Pumpe um 500 Euro ausgegangen, wobei die Wirtschaftlichkeitsrechnung nur für Apfelessig angelegt wurde.

## Die Investitionen

Um eine entsprechende Produktion zu ermöglichen, sind bei vielen Betrieben gewisse Adaptionen notwendig. Diese setzen sich oft aus einem Umbau für die Wasser- und Stromanschlüsse sowie dem Versiegeln des Bodens zusammen. Im Falle eines modernen Betriebes hat sich dies mit etwa 5000 Euro zu Buche geschlagen. Im technischen Bereich waren die Essiganlage mit 7464 Euro und die säurefeste Pumpe mit 500 Euro die Hauptinvestitionen.

Vorab muss in Installationen, Adaptionen und technische Anlagen investiert werden

| | Anschaffungspreis In EURO | Apfelessig | | | |
|---|---|---|---|---|---|
| | | Kosten je Jahr | | | |
| | | Abschreibung | | Instandhaltung | |
| | | % | Euro | % | Euro |
| **Bauliche Maßnahmen** | | | | | |
| Säurefester Boden | 5.087,00 | 5,00 | 254,35 | 2,00 | 101,74 |
| **Maschinen und Geräte** | | | | | |
| Essiganlage | 7.464,00 | 10,00 | 746,40 | 2,00 | 149,28 |
| Pumpe | 500,00 | 10,00 | 25,00 | 2,00 | 10,00 |
| Gär- und Lagerbehälter | 870,00 | 10,00 | 87,00 | 2,00 | 17,40 |
| **Anteilige Vermarktungskosten** | | | | | |
| Essigladen | 726,00 | 10,00 | 72,60 | 2,00 | 14,52 |
| **Summe** | 14.647,00 | | 1.185,35 | | 292,94 |
| | | Zinssatz in% | Zinsansatz/Jahr | | |
| Eigenkapital | | 2,50 | 366,18 | | |

Mit der 150-Liter-Anlage ist eine Jahresproduktion von etwa 5000 Litern möglich, da der Essig jeweils in etwa 3 bis 4 Tagen fertig ist. Die veränderlichen Kosten setzen sich aus dem Grundprodukt Apfelwein, dem Stromverbrauch der Anlage und dem Kühlwasserverbrauch zusammen.

Die Flaschen, Etiketten und Verschlüsse sind natürlich ebenfalls zu berücksichtigen.

**Produktion mit 150-Liter-Anlage**

| | | *1,00* | | |
|---|---|---|---|---|
| **Erlöse** | | **Nettokosten je Liter** | **Euro / Charge** | **Euro / Jahr** |
| Netto-Durchschnittspreis in Euro je Liter | 2,94 | **2,02** | | |
| Jahresproduktion in Liter 150-Liter-Anlage | 5.475,00 | | | |
| Jahresproduktion eigener Verkauf | 4.475,00 | | **120,20** | **12.553,15** |
| Davon % in Flaschen gefüllt | 50 | | | |
| **Lohnverarbeitung** | | | | |
| Anzahl der Liter | 1.000,00 | | | |
| Preis je Liter | 0,73 | | | **726,73** |
| **Gesamtsumme aller Erlöse** | | | **120,20** | **13.279,88** |
| **Variable Kosten** | | | | |
| *Rohwarekosten Obst* | 0,20 | | | |
| *Ausbeute in %* | 68,00 | | | |
| *Rohwarekosten je Liter* | 0,29 | | | |
| *Filterschichten je Stück* | 1,02 | | | |
| *Wasserkosten je m³* | 0,73 | | | |
| *Stromkosten je KW* | 1,02 | Prozent auf Menge | Stück | Kosten |
| *Flaschenkosten 0,25 L* | 0,45 | 25 % | 2.238 | 1.006,88 |
| *Flaschenkosten 0,5L* | 0,65 | 47 % | 2.103 | 1.367,11 |
| *Flaschenkosten 1 L* | 0,70 | 28 % | 627 | 438,55 |
| *Etikettenkosten* | 0,02 | | | |
| Rohwarekosten | | | 14,71 | 1.316,18 |
| Filtration Schichten Gesamtverbrauch | 358 | | 3,33 | 365,16 |
| Energieverbrauch in KW | 876 | | 12,58 | 893,52 |
| Wasserverbrauch in m³ | 300 | | 3,08 | 219,00 |
| Flaschen | | | 25,69 | 2.812,54 |
| Etiketten | | | 0,91 | 99,35 |
| **Summe variabler Kosten** | | | **60,30** | **5.705,74** |
| **Deckungsbeitrag = Erlös — variable Kosten** | | | **59,90** | **7.574,14** |
| **Feste Kosten — Kapitalkosten** | | | | |
| Abschreibung | | | | 1.185,35 |
| Instandhaltung | | | | 292,94 |
| Zinsen | | | | 366,18 |
| **Kapitalkosten gesamt** | | | | **1.844,47** |
| **Sonstige feste Kosten** | | | | |
| Werbung | | | | 508,71 |
| Telefon | | | | 145,35 |
| Aufzeichnungen | | | | 109,01 |
| **Summe sonstige feste Kosten** | | | | **763,06** |
| **Feste Kosten insgesamt** | | | | **2.607,53** |
| **Gesamtkosten (Feste und Variable)** | | | | **8.313,27** |
| **Gewinnbeitrag = Erlös-Gesamtkosten** | | | | **4.966,61** |
| **Lohnansatz für nicht entlohnte Arbeit** | | | | |
| *Kosten je Akh* | | 11,00 | | |
| | je Charge | je Jahr | je Charge | je Jahr |
| Akh/Jahr für Verarbeitung und Abfüllung | 1,40 | 153,30 | 15,40 | 1.686,30 |
| Akh/Jahr für Vermarktung | 0,40 | 43,80 | 4,40 | 481,80 |
| Akh/Jahr Fremdarbeitskräfte | | 0,00 | 0,00 | 0,00 |
| Summe Akh | | 197 | | |
| **Gesamtkosten Arbeit** | | | **19,80** | **2.168,10** |
| **Gewinn nach Abzug der Arbeit** | | | | **2.798,51** |

**Gesamterlöse Essigproduktion mit 150-Liter-Anlage aufgeteilt**

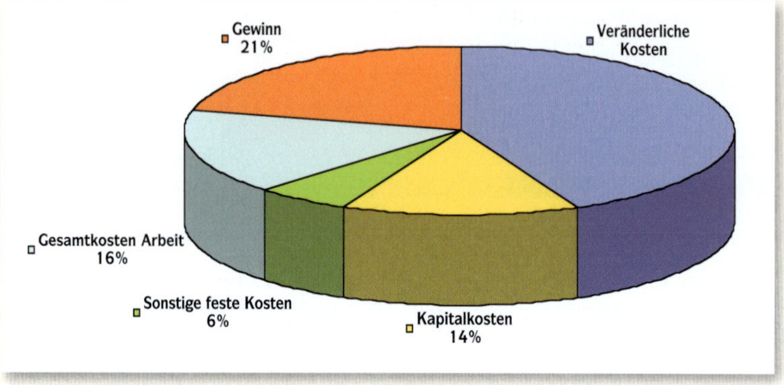


*Grafische Verteilung der Gesamterlöse*

# Krankheiten und Schädlinge des Essigs

Bäuerlicher Essig ist aufgrund seines relativ niedrigen Säuregehaltes anfällig. Einige Hauptfehler, die immer wieder zu Beanstandungen führen, sollen hier kurz genannt werden.

## Schwarz- oder Dunkelfärbung

Dabei färbt sich der Essig in der Flasche oder im Fass dunkel bis schwarz. Dieser Vorgang ist zurückzuführen auf Eisen, welches mit Eiweiß reagiert. Der Essig muss zumindest einer Bentonitschönung unterzogen werden.

Sauerstoffkontakt und Eisen können den Essig schwarz färben

Allerdings ist nicht jede dunkle Färbung immer ein schwarzer Bruch. Nicht ganz fertiger Essig neigt auch bei Sauerstoffkontakt oftmals zur Schwarzfärbung. Diese Schwarzfärbung kann durch Fertiggären oder durch Hochkurzzeiterhitzung unterbunden werden. Bei der Erhitzung werden die Bräunungsenzyme inaktiviert, und damit kann die Verfärbung ausgeschaltet werden.

## Trübungen

Essig muss grundsätzlich blank in Verkehr gebracht werden. Trübungen, die auf Eiweiß oder auch auf noch lebende Bakterien zurückzuführen sind, müssen unbedingt entfernt werden. Zumeist erfolgt die Entfernung durch Filtration, wobei eine Filtration durch Entkeimungsschichten empfohlen wird. Ist die Trübung auf Eiweiß zurückzuführen, so wurde die Bentonitschönung nicht oder nur unzureichend durchgeführt. Als weitere mögliche Gründe für eine Trübung kommen eventuell Milchsäurebakterien, die aus dem Grundprodukt stammen, oder auch Eisenphosphate in Frage. Wurden das Grundprodukt und der Essig entsprechend mittels Schönungen stabilisiert, so ist das Auftreten von Trübungen eher unwahrscheinlich. Trübungen sind in den meisten Fällen auf ungenaues oder unsauberes Arbeiten zurückzuführen.

## Essigälchen

Die Essigälchen *(Anguillula aceti)*, die zu den Nematoden zählen, haben eine Länge von 1–1,5 mm und eine Breite zwischen 0,03 und 0,04 mm. Der Körper der Älchen ist durchsichtig, so dass sie im Essig wie kleine Würmer aussehen. Ihre Bewegungen, nachdem der Essig geschüttelt wurde, sind schlangenartig und immer in Richtung Oberfläche. Sie leben gewöhnlich bei der Essigproduktion mit den Bakterien an der Oberfläche des Essigs. Als Essigbewohner sind sie durch ihre Größe relativ leicht zu entfernen. Außerdem sind die Essigälchen besonders lichtempfindlich, so dass sie bei Lichtkontakt bereits nach etwa 40 Stunden absterben. Sie können leicht abfiltriert werden. Bei unfiltrierten Essigen können sie jedoch auch bis zum Verkauf überleben, was als starke Qualitätsbeeinträchtigung angesehen werden muss. Die Essigälchen können mit einer Jodlösung leicht sichtbar gemacht werden, da sie sich nach dem Jodkontakt braun färben. Man sieht sie aber auch mit einer Lupe, gegen einen dunklen Hintergrund. Essigälchen sterben bei der Erhitzung ab und bilden dann einen Bodensatz.

Essigälchen sterben durch Licht und Erhitzen ab und bilden einen Bodensatz

## Kahmhefen

Bei warmer Lagerung oder schlecht verschlossenen Flaschen können an der Oberfläche immer wieder Kahmhefen auftreten. Besonders die Gattungen *Hansenula anomala* und *Pichia membranaefaciensis*, die beide an der Oberfläche eine leicht gerunzelte weiße bis braune Haut bilden, treten sehr häufig auf. Diese Hefen sind ein Beanstandungsgrund und vermindern die Qualität des Essigs. Die Gebinde sind zu entleeren, zu reinigen und wiederum neu zu befüllen. Der Essig sollte davor allerdings noch einmal filtriert werden. Ohne Sauerstoff und bei entsprechender Sauberkeit kommt es allerdings kaum zur Kahmhefebildung. Kahmige Essige dürfen nicht verkauft werden.

Kahmhefen entstehen bei zu warmer Lagerung und in schlecht verschlossenen Flaschen

# Kräuter-, Gewürz- und Aromaessig

Kräuteressig
Gewürz- und Aromaessig
Fruchtaromaessig

Die aromatisierten Essige werden zur Zeit in vielen Feinkostläden angeboten, besonders Kräuteressige und Essigarten mit Fruchtaromen. Bei den Fruchtaromen ist die Himbeere aufgrund ihres eigenen intensiven Geschmackes sehr beliebt. Bei genauem Studium des Etiketts findet der Leser dann oft die Bezeichnung „aromatisiert", was auf die Verwendung von nicht natürlichem Aroma hindeutet. Vielfach wird dabei naturidentes Aroma verwendet. Nur zur Färbung sind einige Früchte, die hauptsächlich einen dekorativen Zweck erfüllen, zu finden.

Diese Essigsorten können vom bäuerlichen Produzenten zur Erweiterung seiner Produktpalette sehr einfach gewonnen werden.
Wichtig ist, dass frische Kräuter oder Früchte verwendet werden, denn der Essig, der mit getrockneten Früchten bzw. Kräutern erzeugt wird, hat meistens eine unnatürliche Farbe und zu wenig Aroma.

Essig mit getrockneten Früchten oder Kräutern hat meistens zu wenig Aroma

Im Folgenden unterscheiden wir:
- Kräuteressig
- Gewürz- und Aromaessig sowie
- Fruchtaromaessig

Je nach gewünschter Geschmacksrichtung ist ein dementsprechender Essig zu verwenden. Der verwendete Essig muss fehlerfrei sein und sollte ein möglichst geringes Eigenaroma aufweisen. Besonders bewährt haben sich Apfel- und Weinessig, wobei nicht jede Geschmacksrichtung mit dem typischen Essigton harmoniert. Weißweinessig kann diesbezüglich allerdings mit Apfelessig fast gleichgesetzt werden, so dass nur der Rotweinessig mit seinen Mischprodukten getrennt genannt wird. Im Folgenden werden die Grundlagen für all diese Essigarten beschrieben. Genaue Rezepte finden Sie dann im Kapitel Essigrezepte.

Weißwein- und Apfelessig sind geschmacksneutral und gut zum Aromatisieren geeignet

# Kräuteressig

Zur Herstellung von Kräuteressig ist die betriebliche Ausstattung der meisten Essigproduzenten vollkommen ausreichend, da nur Essig, ein Behälter zur Aromatisierung, der Filter und die Kräuter benötigt werden. Der Behälter, in dem die Auslaugung erfolgt, kann entweder aus Glas, lebensmittelechtem Kunststoff oder Edelstahl sein. Sehr gut bewährt haben sich kleine Edelstahlbehälter mit einer großen Einfüllöffnung, da sie sehr leicht befüllt und auch gereinigt werden können.

Damit der Essig auch den gewünschten Ton bekommt, muss man die wichtigsten Kräuter und deren Geschmacksrichtung kennen. Kräuter mit feinem, wenig intensivem Aroma und heller Farbe, die vom Essig nicht beeinträchtigt werden sollte, werden in Weißwein- oder Apfelessig angesetzt. Produkte, die ein sehr schweres Aroma aufweisen oder für dunkles Fleisch verwendet werden sollen, müssen unbedingt mit Rotweinessig hergestellt werden.

Feine Kräuter kommen in hellen Essig, sehr aromatische werden mit Rotweinessig angesetzt

Kräuter, die mit Apfel- oder Weißweinessig angesetzt werden sollten, in alphabetischer Reihenfolge:

- Basilikum
- Estragon
- Majoran
- Melisse
- Thymian
- Zimt

*Links: Thymian*
*Rechts: Zitronenmelisse*

*Links: Minze*
*Rechts: Oregano*

Kräuter, die eher mit Rotweinessig oder dunklen Vollfruchtessigarten angesetzt werden sollten, in alphabetischer Reihenfolge:

- Knoblauch
- Liebstöckel
- Minze
- Oregano
- Petersilie
- Rosmarin
- Zwiebel

## Die Herstellung von Kräuteressig

Wenn der Essig vollkommen stabilisiert und reintönig ist, kann er für Kräuteressig verwendet werden. Fehlerhafter Essig kann zwar durch das Aroma der Kräuter überdeckt werden, ist aber als solcher immer noch erkennbar. Um jeweils genügend frische Kräuter zu haben, empfiehlt sich das Anlegen eines Kräutergartens. Wem dies zu arbeitsaufwändig ist, der kann die Kräuter in diversen Gartenbaubetrieben kaufen.

Verwenden Sie nur frische Kräuter – am besten aus dem eigenen Garten

Prinzipiell sollte pro Kräuteressig nicht mehr als ein Kraut verwendet werden, um ein reintöniges Geschmacksbild zu erreichen. Werden jedoch Kräutermischungen bevorzugt, so ist immer auf ihre harmonische Zusammensetzung zu achten. Wichtig ist, nie zwei intensive Kräuterarten miteinander zu mischen. Wenn geschmacksintensive Arten mit weniger intensiven gemischt werden sollen, dann ist die unterschiedliche Ansatzzeit zu beachten.

Die frischen Kräuter werden durch grobes Zerreißen zerkleinert. Dabei muss man aufpassen, dass keine zu feinen Teile entstehen, da dadurch das Geschmacksbild verändert werden kann, weil ein zu intensiver Aromaaustausch erfolgt. Die Menge der benötigten Kräuter ergibt sich aus dem gewünschten Geschmack und sollte durch eigene Versuche ermittelt werden. Gewöhnlich kann man allerdings sagen, dass 2 % des Gesamtvolumens durch Kräuter erreicht werden sollte. Das heißt, wenn ich hundert Liter Essig habe, so sind mindestens zwei Liter frische Kräuter notwendig. Je mehr Kräuter verwendet werden, um so kürzer kann die Ansatzzeit sein.

Kosten Sie regelmäßig, ob der Essig schon genügend Kräuteraroma aufweist

Der Essigansatz muss unbedingt dunkel erfolgen, da Licht zu einer Braunfärbung der Kräuter und damit Verfärbung des Essigs führt. In den meisten Fällen beträgt die Ansatzzeit, bei einer Temperatur von 18 °C, zwischen zwei und vier Wochen. Dieser Zeitraum ist jedoch nicht fix und muss vom Produzenten öfters kontrolliert werden. Bewährt hat sich eine Verkostung in etwa dreitägigem Abstand. Hat der Essig genügend Kräuteraroma, beziehungsweise hat er die Intensität der letzten Charge (Kontrollflasche aufbewahren!), so wird er von den Kräutern genommen. Der Essig wird dann filtriert und in Flaschen gefüllt. Die verkaufsfähige Flasche wird oft noch mit ganzen Kräuterteilen versetzt, um das Aroma zu stabilisieren; außerdem sehen solche Flaschen auch appetitlich aus.

## Gewürz- und Aromaessig

Von der Vorgehensweise her sind Gewürz- und Aromaessig genau gleich herzustellen wie Kräuteressig, allerdings kann bei einigen Produkten die Ansatzzeit entfallen. Zu dieser Gruppe zählen alle Aromarichtungen, die aus Gewürzen stammen und nicht zu den Früchten zählen.

Die wichtigsten Geschmacks- und Geruchsrichtungen werden hier aufgezählt, wobei zwischen Gewürzen und „Aromen" unterschieden wird.

**Gewürze**

- Ingwer
- Kren (Meerrettich)
- Kümmel
- Peperoni
- Pfeffer
- Senfkörner

**Aromen**
- Orangen- und Zitronenschalen
- Honig
- Blütenauszüge, wie Rosen, Nelken, Veilchen und Lavendel
- Fichten und Lärchenspitzen
- Rosinen

Bei all diesen Gewürzen und Aromen erfolgt ebenfalls ein Auszug bei ungefähr 18 °C in einem dunklen Behälter. Einzig und allein der Honig wird nur eingerührt. Die Zeit des Ansatzes hängt wiederum von der Stärke ab, wobei die scharfen Gewürze eher kürzer im Essig verbleiben sollten, damit das Endprodukt noch genießbar ist. Vorsicht ist auch beim Kren geboten, da er den Essig schärfer erscheinen lässt. Hier empfiehlt sich eine Abrundung mit Honig oder Zucker. Bei den Blütenauszügen ist eine längere Verweildauer notwendig, um das volle Aroma zu erreichen. Hier sollte der Essig auch möglichst farblos sein (eventuell mit 3g/Liter Aktivkohle vorbehandeln), damit auch die Farbe der Blüten im Getränk erkennbar ist. Sehr gute Erfolge gibt es auch mit verschiedenfarbigen Rosenblättern, welche die Farbe in den Essig mitbringen. Um das Produkt leichter zu verkaufen, wird auch hier die Verwendung von Blüten, Rosinen oder Gewürzteilchen in der Flasche empfohlen.

Die Produktion ist einfach, wenn man die unterschiedlichen Ansetzzeiten beachtet

# Fruchtaromaessig

Damit sind nicht Vollfruchtessige mit dem Aroma der Frucht gemeint, sondern Essige, die mit dem typischen Geruch und Geschmack bestimmter Früchte versetzt wurden. Das Versetzen erfolgt ebenfalls wieder auf dem Auszugswege. Als Rohmaterial kommt wieder ein möglichst geschmacksneutraler Essig in Frage, also Weißwein- oder Apfelessig. Genauso wie bei den Kräuteressigen kann auch hier nur bester Essig verwendet werden. Die Früchte müssen unbedingt frisch oder tiefgefroren sein, wobei Frischfrüchte ein etwas intensiveres Aroma ergeben.

Frische Früchte sind geschmacksintensiver als tiefgekühlte

Für diese Essige können folgende Früchte empfohlen werden:
- Himbeeren
- Kultur- und Walderdbeeren
- Süß- und Sauerkirschen
- Quitten
- Säfte von verschiedenen anderen geschmacksintensiven Obstarten

Die Früchte werden mit dem Essig angesetzt, wobei auf 100 Liter Essig ungefähr 20–25 Liter Früchte zu verwenden sind, damit das Aroma auch wirklich intensiv und fruchtig wird. Der hierbei verwendete Essig muss

*Links: Himbeere*
*Rechts: Jostabeere*

allerdings einen Säuregehalt von mindestens 7 % aufweisen, da durch den Flüssigkeitsaustausch mit den Früchten Essigsäure verloren geht und somit der gesetzliche Wert von 5 % Säure nicht erreicht werden könnte.

Die Auslaugzeit beträgt zwischen zwei und acht Wochen, was ebenfalls wieder durch eine Verkostung ermittelt werden muss. In die Flasche kommen nur Früchte von kleinfruchtigen Obstarten. Große Früchte müssen vor dem Ansetzvorgang unbedingt zerkleinert werden, um eine ausreichende Aromaauslaugung zu erzielen.

# Essig als Konservierungsmittel

Nachdem Essig nicht nur als Würzmittel verwendet werden kann, sondern sich aufgrund des Säuregehaltes sehr gut zur Konservierung eignet, werden viele Produkte in Essig konserviert. Typisch dafür sind die Essiggurken, die sicherlich die häufigsten Vertreter sauer konservierter Speisen sind. Egal ob Obst oder Gemüse in Essig konserviert wird, wichtig ist, sowohl bei den zu verarbeitenden Produkten als auch beim Essig beste Qualität zu verwenden.

Verwenden Sie zum Einlegen nur einwandfreies Obst und Gemüse, Schadstellen großzügig entfernen

Konservierung darf nie als Überschuss- oder Abfallverwertung angesehen werden. Das Gemüse muss unbedingt frisch geerntet sein. Gelagertes Gemüse hat zu wenig Inhaltsstoffe, und durch die Vorbehandlung bleibt zumeist nicht einmal mehr das Aroma übrig. Sollten wirklich welke Teile oder kleine Faulstellen am Gemüse sein, so ist eine großzügige Entfernung derselben dringend anzuraten.

Beinahe alle Früchte und Gemüsearten können zu Sauerkonserven verarbeitet werden, wobei bei gewissen scharfen oder blähenden Produkten eine Vorerhitzung im Wasser erfolgen sollte, um die negativen Stoffe zu entfernen. Bei der Wahl der Früchte und Gemüsearten steht die Vielfalt im Vordergrund. Die wichtigsten Rezepte sind im Rezeptteil beschrieben. Im Prinzip sind der Fantasie keine Grenzen gesetzt, es müssen lediglich die wichtigsten Verfahrensschritte eingehalten und auf die jeweils notwendige Temperatur geachtet werden.

## Verfahrensschritte bei der Herstellung von Sauerkonserven

- Rohware reinigen und von Stielen, Blättern und Schalen befreien. Stoffe, die nicht gegessen werden können, sollten auch nicht konserviert werden. Außerdem bewirken diese Teile oft auch eine Geschmacksbeeinflussung, die sich auf das Endprodukt immer negativ auswirkt.

- Zerkleinern auf die gewünschte Größe

- Blanchieren der frischen Ware, um negative Komponenten (blähende, bittere oder scharfe Substanzen) zu entfernen. Gewöhnlich wird die frische Rohware bei einer Temperatur von ungefähr 80 °C wenige Minuten vorgekocht. Besonders empfehlenswert ist dies bei Artischocken, allen Arten von Kohlgemüse und Bohnen, damit die blähenden Substanzen entfernt werden können. Andere Gemüsearten brauchen nur kurz in heißem Wasser vorbehandelt zu werden, damit die grüne Farbe und der Geschmack beim Kochen erhalten bleiben. Im Kleinen können dazu große Töpfe verwendet werden. Bei größeren Produktionsmengen werden Blanchierkessel oder Schneckenblancheure verwendet. Harte Früchte, die eine längere Einkochzeit benötigen, werden ebenfalls vorgekocht. Dass Teile der konservierten Früchte noch roh sind, sollte vermieden werden.

Blanchieren sorgt für appetitliches Aussehen und besseren Geschmack

- Befüllen der Gläser. Je nach Gemüseart sind verschiedene Mischungsarten oder auch gewisse Größen erwünscht. Gleichzeitig richtet sich der Zerkleinerungsgrad aber auch nach der Kochdauer, damit die eingelegten Früchte oder das Gemüse vollständig gar sind. Rohe Teile verderben meistens.

- Vorbereiten der Einkochlösung, mit welcher das Produkt versetzt werden soll. Je nach Rezept sind gewisse Geschmacksstoffe erwünscht. Für uns ist hier allerdings nur die Konservierung interessant. Dazu sollte der Essig einen möglichst hohen Säuregehalt haben. Gut sind Säurewerte um sieben oder mehr Prozent. Falls der eigene Essig zu wenig Säure aufweist, kann bei der Konservierung für den Hausgebrauch auch Einlegeessig, wie er von der Industrie angeboten wird, zugesetzt werden. Er sollte aber immer mit dem eigenen Essig verschnitten werden, um nicht zu künstliche Produkte zu erzeugen.

Der Essig für Sauerkonserven sollte mindestens 7% Säure aufweisen

- Übergießen der Einkochware mit der Lösung. Zumeist wird die Konservierungslösung heiß über die Rohware gegossen, um die nachfolgende Erhitzung möglichst kurz zu halten. Die Erhitzungszeit im Glas hängt immer von der eingelegten Ware ab.

Twist-off-Verschlüsse sind praktisch und halten dicht

- Verschließen der Behälter. Glasbehälter werden zumeist mit Gummi und Verschlussspangen verschlossen. Schraubverschlüsse aus Metall, sogenannte Twist-off-Verschlüsse, haben den Vorteil, dass sie ohne Dichtring auskommen, der mit der Zeit porös und undicht werden könnte. Außerdem braucht man keine Spangen, was einen Arbeitsschritt erspart und somit eine höhere Leistung ermöglicht.

- Kochen im verschlossenen Behälter. Um das Produkt auch für längere Zeit haltbar zu machen, muss die Flüssigkeit zusammen mit dem Obst oder Gemüse gekocht werden. Dieser Vorgang, auch Pasteurisation genannt, benötigt je nach Gebindegröße bzw. Dicke des zu pasteurisierenden Gutes unterschiedlich lange. Die Temperatur von 90 °C gilt für beinahe alle Einkochwaren. Beim Erhitzen auf diese Temperatur muss unbedingt auf das Wasserbad, in dem die Gläser stehen müssen, geachtet werden. Würde das Wasser nicht als Erhitzungsmedium verwendet, so käme es nur am Boden zu intensiver Erhitzung, und das Kochgut würde anbrennen.

Um die Temperatur zu kontrollieren, verwendet man in einem nicht verschlossenen Glas ein Einkochthermometer. Erst wenn im Kern des Glases eine Minute lang eine Temperatur von mindestens 90 °C herrscht, kommt es zu keinen Gärungen mehr. Zur Erhitzung eignen sich spezielle Einkochtöpfe oder Elektroherde mit einer Wasserbadmöglichkeit. Sollte die Verarbeitung über Haushaltsmengen hinausgehen, so wird hier mit einem Kasten- oder Tunnelpasteur gearbeitet, in dem die Arbeitsschritte Erhitzung und Rückkühlung erfolgen können. Das Konservieren von Früchten und Gemüse sollte am Beginn allerdings immer nur zur Erweiterung der Produktpalette bei der Essigproduktion dienen, erst später kann daraus ein eigener Betriebszweig werden.

Nach dem Erhitzen sollten die Gläser so rasch wie möglich gekühlt werden

- Rückkühlung der erhitzten Gläser. Sobald die vorher beschriebene Temperatur erreicht ist, können die Gläser dem Wasserbad entnommen werden. Um eine möglichst hohe Qualität zu erreichen, sollte der Auskühlvorgang verkürzt durchgeführt werden. Früher war es üblich, die frischen Gläser noch unter Tüchern möglichst langsam auskühlen zu lassen. Dies führt jedoch nur zu einer verstärkten Zerstörung der Vitamine und vielfach auch zu einer Aromabeeinträchtigung oder sogar zum Zerkochen. Deshalb werden die frischen Gläser entweder in einen kühlen Raum gebracht oder mit einem feinen Sprühregen kalten Wassers rückgekühlt. Vorsicht! Wenn die Wassermenge, die auf das heiße Glas trifft, zu groß ist, so springt das Glas.

Dieses Verfahren führt immer zu haltbaren Produkten. Es gibt auch Möglichkeiten, durch besonders hochprozentigen Essig Lebensmittel haltbar zu machen, die allerdings sofort nach dem Öffnen zu verbrauchen sind. Dazu zählen Spargel, Kapern und auch Gurken. Bei diesem Verfahren werden die jeweiligen Gemüsearten in heißem Salzwasser vorgekocht, anschließend getrocknet und mit Essig übergossen. Nach ungefähr zehn Tagen wird der Essig abgegossen und nochmals erwärmt. Dieser heiße Essig wird dann wiederum über das Gemüse geleert, und erst dann werden die Gläser fest verschlossen. Hier sollte als Verschluss immer nur ein Schraubdeckel aus Metall verwendet werden. Der Essig, der für die Haltbarmachung ohne Erhitzen verwendet wird, sollte mindestens 10 % Säure aufweisen, um die natürlichen Infektionsmöglichkeiten vollkommen auszuschalten. Durch die vorgekochten Gemüsearten, denen im Salzwasser Flüssigkeit entzogen wurde, kommt es nur zu einer geringen Verminderung des Säuregehaltes.

Spezielles Verfahren für Gemüse mit Essig mit mindestens 10 % Säure

# Essigrezepte

Die folgenden Rezepte sind nur ein Auszug aus den vielfältigen Möglichkeiten der Essigbereitung. Rezepte, bei denen der Essig nur als Würzmittel dient, werden nur mit einigen typischen Beispielen gestreift.

## Kräuteressig

Kräuteressige können, wie im Kapitel Kräuteressig beschrieben, reinsortig oder gemischtsortig angesetzt werden. Die Rezepte sind, so nicht anders angegeben, auf einen Liter Essig abgestimmt und können natürlich je nach Geschmack verändert werden.

### Basilikumessig

**1 l Weißwein- oder Apfelessig**
**40 g frische Basilikumblätter**
**etwas Salz**
**10 grüne Pfefferkörner**

Frisches Basilikum kann man das ganze Jahr über, in Blumentöpfen gezogen, kaufen.
Ansatz: 4 Wochen, bei 18 °C im Dunkeln. Die Zutaten können zusammen mit dem Essig in die Flasche gefüllt werden. Der Pfeffer verstärkt zusammen mit dem Salz das Aroma.

### Basilikum-Zitronenmelissen-Essig

Zerkleinerte Kräuter zusammen mit Essig und rosa Pfeffer ansetzen, anschließend filtrieren und in Flaschen füllen. Als Dekoration können jeweils einige der namensgebenden Kräuter in die Flasche gegeben werden.
Ansatz: 4–6 Wochen

**1 l Apfelessig**
**40 g Basilikum**
**30 g Zitronenmelisse**
**etwas rosa Pfeffer**

## Basilikumessig mit Zitronen und Orangen

**1 l Apfelessig**
**50 g Basilikum**
**1 Zitrone**
**2 Orangen**

Geschälte und zerkleinerte Früchte mit Basilikum und Essig ansetzen, dann in Flaschen füllen. Als Dekoration und zur Abrundung des Aromas empfiehlt es sich, Basilikum und Orangenschalen (unbehandelt) in die Flasche zu geben.
Ansatz: mindestens 3 Wochen im Dunkeln.
Eigenschaften: Mit seinem exotischen Aroma kann dieser Spezialessig besonders gut zur Abrundung von Süßspeisen und für Salate der fernöstlichen Küche verwendet werden.

## Basilikumessig mit Knoblauch und Zwiebel

**1 l Weißwein- oder Apfelessig**
**50 g Basilikum**
**5 Zehen Knoblauch**
**1/4 Zwiebel, etwas Salz**

Herstellung wie beim Basilikumessig, allerdings müssen die Zwiebel und der Knoblauch vor der Flaschenfüllung entfernt werden, um einen zu intensiven Geschmackston zu vermeiden.
Eigenschaften: Passt besonders gut zu Salaten mit Olivenöl.

## Basilikum-Weihnachts-Essig

**1 l Weißweinessig**
**30 g Basilikumblätter**
**5 Zimtstangen**
**wenige Gewürznelken**
**15 g Zucker**

Alle Zutaten vermischen, auf ein vollständiges Auflösen des Zuckers achten. Die Zimtstangen grob zerkleinern, um einen intensiven Zimtton zu erreichen. Essig vor der Flaschenfüllung unbedingt filtrieren, evtl. eine Zimtstange als Dekoration in die Flasche.
Ansatz: mindestens drei Wochen im Dunkeln.
Eigenschaften: schmeckt nach Weihnachtsgebäck; gut zu Grillsaucen und exotischen Speisen, zur Abrundung von süßen Gerichten.

## Basilikum-Dill-Essig mit rosa Pfeffer

**1 l Weißweinessig**
**20 g Basilikum**
**25 g Dillkraut**
**30 g rosa Pfeffer**

Mit Ausnahme des Pfeffers alle Zutaten grob zerkleinern. Beim Pfeffer nur wenige Körner grob zerschlagen, um einen zu scharfen Ton zu vermeiden.
Ansatz: nicht mehr als 3 Wochen.
Eigenschaften: Die feine Schärfe des rosa Pfeffers und das elegante Dillaroma passen gut zu Fisch, vor allem zu Lachs und Lachsforellen.

## Brennnessel-Birkenblatt-Essig

**1 l Apfelessig**
**15 g Brennnessel**
**15 g Birkenblätter**
**5 g Honig**

Frische Blätter von den Stielen befreien, mit Honig und Apfelessig ansetzen.
Ansatz: etwa 2 Monate, kühl und dunkel, danach abseihen und wenn notwendig filtrieren.
Eigenschaften: unterstützend bei Diäten, entwässernd; durch den fruchtigen Geschmack der wilden Brennnessel ideal für Sommersalate mit Blüten.

## Brunnenkresse-Schnittlauch-Essig

**1 l Apfelessig**
**15 g Brunnenkresse**
**15 g Schnittlauch**
**etwas Salz**

Kräuter grob hacken, an einem kühlen Ort mit dem Essig ansetzen. Danach abseihen und in Flaschen füllen.
Ansatz: 3–4 Wochen.
Eigenschaften: Die frischen Blätter und dekorativen Blüten bringen einen frischen Kressegeschmack, der Schnittlauch verstärkt das Aroma, ideal zum Kochen und Würzen von Saucen.

## Knoblauchessig

**1 l Rotwein- oder Weißweinessig**
**5–10 Knoblauchzehen**

Knoblauchzehen zerdrücken und mit dem Essig ansetzen.
Ansatz: abhängig von der Intensität des Knoblauchs; zwischendurch kosten!
Eigenschaften: schmeckt intensiv nach Knoblauch.

## Estragonessig

**1 l Apfelessig**
**40 g Estragonblätter**
**etwas Salz**

Ansatz: mindestens 4 Wochen an einem dunklen Ort.
Eigenschaften: durch das intensive Estragonaroma meist als Zutat für Senf- und Saucenrezepte.

## Gartenkräuteressig

**1 l Apfelessig**
**10 g Schnittlauch**
**10 g Petersilie**
**5 g Liebstöckel**
**10 g Majoran**
**10 g Thymian**
**10 g Oregano**
**etwas Salz**

Dieser Essig, der schon mit einigen wenigen Kräutern aus dem Hausgarten sehr leicht produzierbar ist, kann in besonders vielen Variationen hergestellt werden. Wichtig dabei ist, auf eine geschmacklich harmonische Mischung zu achten. Dieses Rezept ist eine grundsätzliche Anleitung.
Ansatz: 3–4 Wochen mit den grob zerkleinerten Kräutern, dann den Essig filtrieren und abfüllen. Zur Dekoration verwendet man gebundene Kräuter, die in die Flasche gegeben werden.

## Salbei-Thymian-Essig

**1 l Weißweinessig**
**15 g Thymian**
**10 g Salbei**
**5 g Zucker**

Die ganzen Kräuter mit Zucker und Essig an einem warmen und dunklen Platz ansetzen, danach filtrieren.
Ansatz: 14 Tage.
Eigenschaften: schmeckt leicht bitter, daher ideal zu Löwenzahn- und Radicchiosalat. Durch die zugesetzten Kräuter eignet sich dieser Essig aber auch für die Bekämpfung beginnender Halskrankheiten und für Fieberwickel.

## Melissen-Minzen-Essig

**1 l Apfelessig**
**20 g Pfefferminzblätter**
**20 g Zitronenmelissenblätter**
**etwas Honig**

Kräuter grob zerkleinern und mit Apfelessig übergießen. Der Honig sollte vollständig aufgelöst sein.
Ansatz: ungefähr 5 Wochen.
Eigenschaften: erfrischender Essig mit kühlender Wirkung, ist verdünnt auch ein sehr guter Durstlöscher.

## Oregano-Rosmarin-Essig

Die Vorgangsweise ist wie bei allen anderen Kräuteressigen. Die Ansatzzeit sollte nicht mehr als 5 Wochen betragen.

**1 l Apfel- oder Weißweinessig**
**30 g Oregano**
**30 g Rosmarin**

## Zitronenmelisse-Lavendel-Essig

**1 l Weißweinessig**
**20 g Zitronenmelisse**
**10 g Lavendelblüten**

Unzerkleinerte Blüten und entstielte Zitronenmelisse-Blätter mit Weißweinessig ansetzen.
Ansatz: etwa 40 Tage, wie bei allen aromaintensiven Essigen dunkel und warm.
Eigenschaften: optimaler Duftessig für Fruchtschaum oder Spumas, der frische Duft der Zitronenmelisse und das Lavendelaroma verleihen jeder Speise den gewissen Kick.

## Majoranessig

Ansatz: ungefähr 6 Wochen.
Eigenschaften: südländische Spezialität, passt besonders gut zu Kartoffelsuppen und Lammgerichten.

**1 l Rotweinessig**
**40 g geschnittene Majoranblätter**
**10 g Kümmel**

## Zwiebel-Kräuter-Essig

Kräuter und Zwiebel grob zerkleinern und mit dem Essig ansetzen, dann den Essig filtrieren und abfüllen. Zur Dekoration gibt man gebundene Kräuter in die Flasche.
Ansatz: 1 Woche im Dunkeln.
Eigenschaften: interessanter und geschmacklich intensiver Essig.

**1 l naturtrüber Apfelessig**
**1 große Zwiebel**
**5 g Liebstöckel**
**5 g Salbeiblätter**
**10 g Schnittlauch**
**etwas Salz**

## Zwiebelessig

**2 l Apfelessig**
**2 ganze Zwiebeln**
**1 Lauchstange**
**etwas Salz**

Zwiebeln und Lauch schälen, grob zerkleinern, mit Essig ansetzen. Wenn die Zwiebeln aus dem eigenen Garten stammen, kann auch der grüne Teil mitverwendet werden. Zur Dekoration der Flasche kann eine kleine Lauchstange verwendet werden.
Eigenschaften: intensives Zwiebelaroma, besonders gut zu Essigwurst und Rindfleischsalat.

## Gewürz- und Aromaessig

Diese sicherlich vielfältigste Gruppe an Essigvariationen ermöglicht es dem Produzenten, viele neue Kreationen auszuprobieren. Sie wird von einigen Herstellern oftmals auch als „Spielwiese der Geschmäcker" bezeichnet und bietet für jeden die Möglichkeit, seinen Lieblingsgeschmack zu konservieren.

Als einzige Unterscheidung zu den Kräuteressigen werden hier keine frischen Kräuter, sondern zumeist getrocknete Pflanzenteile, Gewürze oder Geschmacksträger verwendet, die, wie Honig oder Fichtenzweige, nicht zu den Kräutern zählen.

Gewürz- und Aromaessig als „Spielwiese der Geschmäcker" ermöglichen zahlreiche Variationen

### Chili- oder Peperoni-Essig

**2 l Rotweinessig**
**1 Peperonischote (grün)**
**1 Peperonischote (rot)**
**3 Cayennepfefferschoten (rot)**
**1 Chilischote**
**2 Knoblauchzehen**
**1 Paprika (rot)**

Alle Zutaten bis auf den roten Paprika in Streifen oder Ringe schneiden, mit Essig übergießen. Nach der Ansatzzeit Zutaten entfernen und filtrieren, roten Paprika in Streifen schneiden. Er dient nicht nur als Dekoration in der Flasche, sondern auch zur Geschmacksabrundung.
Ansatz: mindestens 2 Wochen, um entsprechende Schärfe zu erreichen.
Eigenschaften: sehr scharf, für Grillsaucen, aber auch Krautsalat erhält dadurch einen etwas ausgefalleneren Ton.

### Fichtenspitzenessig

**1 l Apfel- oder Rotweinessig**
**100 g frische Fichtenspitzen**
**etwas Waldhonig**
**20 g rosa Pfeffer**

Frische Fichtenspitzen mit dem zerstoßenen Pfeffer und Essig übergießen. Je nach gewünschter Farbe kann Apfel- oder Rotweinessig verwendet werden. Vor dem Abfüllen kann der Geschmack mit Waldhonig abgerundet werden.
Ansatz: nach ca. 3 Wochen abziehen und filtrieren.
Eigenschaften: Frische Fichtenspitzen sind reich an ätherischen Ölen. Der Essig schmeckt leicht nach Harz und Wald und eignet sich besonders gut für Saucen und zum Marinieren von Wildgerichten sowie Lamm- und Rindfleisch.

### Holunderblütenessig mit Salbei

**1 l Weinessig**
**20 g Holunderblüten**
**10 g Honig**
**5 g Salbeiblätter**

Essig auf 30 °C erwärmen, Honig darin auflösen, dann über die Blüten und die Salbeiblätter gießen.
Ansatz: 7 Tage, danach abseihen und in Flaschen füllen.
Eigenschaften: Mit dem schmackhaften und intensiven Aroma der Holunderblüten passt der Essig ausgezeichnet zu Süßspeisen und Saucen.

## Honigessig

1 l Apfel- oder Weinessig
30–100 g Honig
Gewürze zur Abrundung

Dieser Essig, der fälschlicherweise auch mit Essig aus Honig verwechselt werden kann, ist durch sein süßes Aroma besonders bei Salaten und bei der Abrundung diverser Speisen sehr willkommen. Er kann aber auch als Aperitif-Essig in der Gastronomie eingesetzt werden. Je nach gewünschter Geschmacksrichtung kann das Aroma durch die verwendete Honigart beeinflusst werden. Beinahe alle Honigsorten können mit den unterschiedlichen Geschmacksrichtungen verschiedener Essigsorten kombiniert werden. Essigproduzenten, die Bienenvölker halten, finden hier neben der Metproduktion eine weitere Absatzchance für ihren Honig.
Der Honig wird im Essig gelöst. Vielfach muss der Essig dabei leicht erwärmt werden. Anschließend wird er in die Flaschen abgefüllt, und Gewürze können zugesetzt werden. Seine Bezeichnung lautet dann, z. B. bei Verwendung von Waldhonig, „Apfelessig mit Waldhonig".

## Honig-Malvenblüten-Thymian-Essig

1 l Weißweinessig
20 g Honig
20 g Malvenblüten
10 g Thymian

Honig in Essig auflösen, mit den restlichen Zutaten ansetzen.
Ansatz: nach ca. 4 Wochen filtrieren, evtl. Malvenblüten als Dekoration in die Flaschen geben.
Eigenschaften: passt wegen seines intensiven Aromas besonders gut zu Blattsalaten.

## Ingweressig

1 l Apfel- oder Südfruchtessig
1/2 Ingwerknolle
etwas Honig oder Zuckersirup

Ingwer verleiht dem Essig einen typischen, etwas scharfen Ton. Dieser Essig eignet sich besonders für die etwas exotische, vor allem kreolische Küche, bei der die meisten Speisen entweder mit Colombo oder Ingwer gewürzt werden. Vor allem Salate und viele Fischgerichte bekommen dadurch eine außergewöhnliche Würze.
Knolle grob zerhacken und mit Essig ansetzen. Honig oder Zuckersirup erst vor dem Abfüllen zusetzen, um dem Essig etwas die Schärfe zu nehmen.
Ansatz: 2–4 Wochen, je nach gewünschter Schärfe.

## Ingweressig mit Rosmarin

Zutaten hacken und mit dem Essig ansetzen. Vor der Flaschenfüllung evtl. mit Salz abrunden, Honig wird hier nicht empfohlen.
Ansatz: 4 Wochen.
Eigenschaften: Durch die Verbindung der feinen Schärfe des Ingwers mit würzigem Rosmarinduft gut für Fleischspeisen geeignet, besonders als Marinade für Koteletts und Ragouts. Dabei wird der Essig nach dem Marinieren abgegossen, und der Rosmarin bleibt nach Möglichkeit am Fleisch.

**1 l Apfel- oder Weißweinessig**
**1/2 Ingwerknolle**
**10 g getrocknete oder 30 g frische Blätter Rosmarin**
**etwas Salz**

## Kümmelessig

**1 l Apfel- oder Weißweinessig**
**50 g Kreuzkümmel**
**50 g gewöhnlicher Kümmel**

Kümmel im Mörser zerstoßen, in den Essig geben.
Ansatz: rund 3 Wochen.
Eigenschaften: verfeinert Gerichte mit Kümmel, als Kümmelersatz bei Salaten.

## Krenessig (Meerrettichessig)

Geriebenen Kren mit Apfelessig und dem vorher gelösten Salz ansetzen. Danach abseihen und in Flaschen füllen.
Ansatz: nicht länger als 2 Wochen.
Eigenschaften: für die Herstellung von scharfem Senf und zum Abschmecken von Semmelkren; für Salate u. ä. ist Krenessig meist zu intensiv.

**1 l Apfelessig**
**etwas Kren**
**1 Esslöffel Salz**

## Lärchenessig

1 l Apfelessig
100 g Lärchenzweige und -nadeln
30 g Waldhonig
1 Knoblauchzehe

Lärchenessig zeichnet sich ebenfalls durch ein sehr intensives Aroma nach den Harzen und ätherischen Ölen der Lärchenzweige aus. Dabei werden einjährige, im Sommer gewachsene Lärchenzweige geerntet und mit dem Essig übergossen. Je höher der Standort des Lärchenbaumes ist, umso intensiver ist das Aroma und um so weniger bittere Harze enthält der Baum.

Honig im Essig auflösen, grob zerkleinerte Lärchenzweige und zerdrückte Knoblauchzehe damit ansetzen.
Ansatz: etwa 5 Wochen, als Dekoration ein Lärchenzweig pro Flasche.
Eigenschaften: für schwere Salate, Wild und dunkle Fleischgerichte.

## Nelkenessig

Nelkenblüten eignen sich durch ihren intensiven Geruch und Geschmack sehr gut für die Essigaromatisierung. Durch den eigenen Duft kann der Essig besonders zu fruchtigen Salaten genommen werden. Bei der Verarbeitung ist auf das Entfernen des Blütenbodens zu achten, da der Essig sonst dumpf schmeckt. Gewöhnlich genügen 40 g Blütenblätter, um einen wohlschmeckenden Essig zu erhalten.

## Lavendelessig

Die Zubereitung erfolgt ebenso wie die des Rosenblütenessigs, nur müssen mindestens 50 g Lavendelblüten verwendet werden. Bei der Verarbeitung der Blüten ist darauf zu achten, nicht zu viele Stängel in den Ansatz zu bringen, da der Essig sonst bitter wird.
Ansatz: rund 2 Wochen.
Eigenschaften: würzig und leicht herb, ideale Ergänzung zu Speisen mit Kräutern der Provence.

## Orangen-Peperoni-Johannisbeer-Essig

**1 l Rotweinessig**
**2 Orangen**
**2 Peperoni (rot)**
**200 g Schwarze Johannisbeeren**

Orangen schälen, Fruchtfleisch zerkleinern und mit den abgerebelten Johannisbeeren vermischen. Zerschnittene Peperoni zusammen mit dem Rotweinessig über die Fruchtmasse geben.
Ein Johannisbeerfruchtstand und ein Peperoni können als Dekoration in die Flasche kommen.
Ansatz: ca. 4 Wochen.
Eigenschaften: intensiv und fruchtig; harmonisiert besonders gut mit dunklen Fleischsorten, Saucen, Fischgerichten, Meerestieren und Fondues.

## Pfefferessig

**2 l Apfelessig**
**30 g grüne Pfefferkörner**
**30 g rosa Pfefferkörner**
**40 g schwarzer Pfeffer (ungemahlen)**
**1 Knoblauchzehe**

Zerdrückte Knoblauchzehe und im Mörser zerstampften Pfeffer mit dem Essig ansetzen. Nach dem Filtrieren eventuell bunte Pfefferkörner oder eine ganze Pfefferschote als Dekoration in den Essig geben.
Ansatzzeit: variiert je nach gewünschter Schärfe.
Eigenschaften: durch seine scharfe Würze vor allem zum Marinieren von Grillfleisch sowie für scharfe Suppen und Saucen geeignet.

## Pfeffer-Zitronen-Senfkorn-Essig

**1 l Weißweinessig**
**2 Zitronen**
**50 g weiße Senfkörner**
**40 g Schwarzer Pfeffer**

Senfkörner und Pfeffer zerstoßen, die Zitronen schälen und Fruchtfleisch fein hacken. Alles mit Essig übergießen.
Ansatz: 4 Wochen, danach abziehen, filtrieren und in Flaschen füllen.
Eigenschaften: scharfer Essig mit intensivem Zitronen-Senfkorn-Aroma; gut zu etwas schärferen Salaten.

## Rosinenessig

**1 l Weiß- oder Rotweinessig**
**100 g Rosinen**
**etwas Zimt**

Wird der Essig mit den Rosinen in größeren Behältern angesetzt, so dient der Zimt zum Abrunden des Geschmacks. Es besteht aber auch die Möglichkeit, die Rosinen direkt in die Flasche zu geben und den Essig dann mit ihnen zu verkaufen. Die Essig-Rosinen eignen sich sehr gut zu Krautsalat.
Ansatz: mindestens 8 Wochen.
Eigenschaften: intensiv, mit leichtem Sherry-Geschmack, durch den Zuckergehalt der Rosinen wird die Schärfe des Essigs gebunden.

## Rosinenessig mit rosa Pfeffer

**1 l Rotweinessig**
**80 g Rosinen**
**30 g rosa Pfeffer (ungemahlen)**

Rosa Pfeffer im Mörser grob zerstoßen und mit den Rosinen vermischen, Rotweinessig darüber gießen.
Ansatz: ca. 6 Wochen, Pfefferkörner und Rosinen als Dekoration in der Flasche.
Eigenschaften: süßlich-pikant, als Saucengrundlage, zu Fischgerichten und für pikantere Salate.

## Süsser Blütenessig

**1 l Weinessig**
**10 g Gänseblümchenblüten**
**10 g Löwenzahnblüten**
**10 g Holunderblüten**
**5 g Veilchen**
**70 g Blütenhonig**

Unzerkleinerte Blüten mit dem Honig an einem dunklen Platz ansetzen, hin und wieder kosten. Sobald ein deutliches Blütenaroma feststellbar ist, sollten die Blüten herausgenommen werden.
Ansatz: ungefähr 4 Wochen.
Eigenschaften: am besten zu Obstsalaten sowie verdünnt als Digestif.

## Rosenblütenessig

**1 l Weißwein- oder Apfelessig, möglichst hell**
**30 g Rosenblütenblätter**
**1 Zitrone**
**etwas Zucker**

Rosenblütenblätter je nach gewünschter Farbe aussuchen (z. B. ergeben violette Rosenblüten eine rosarote Farbe), zerkleinern und mit dem Saft der Zitrone und etwas Essig ungefähr einen halben Tag lang ansetzen. Erst dann wird der Essig über diesen Ansatz gegossen. Anschließend ganz langsam auf 40 °C erhitzen, was eine sehr intensive Aromaauslaugung bewirkt. Den fertigen Essig mit einer Rosenblüte pro Flasche dekorieren.
Ansatz: rund 2 Wochen, danach abseihen, evtl. etwas zuckern.
Eigenschaften: leicht bitter und adstringierend.

## Veilchenessig mit Zimt

**1 l Weißweinessig**
**20 g Veilchenblüten**
**1 Zimtstange**
**etwas Zucker**

Essig mit den Veilchenblüten sehr langsam auf etwa 40 °C erhitzen, anschließend auskühlen lassen. Dann die grob zerkleinerte Zimtstange zugeben, stehen lassen.
Ansatz: 2 Wochen, evtl. einzelne Veilchenblüten in die Flaschen geben.
Eigenschaften: Diese besondere Spezialität unter den aromatisierten Essigsorten eignet sich vor allem für Salate und leicht gesäuerte Süßspeisen.

## Waldessig

**1 l Apfelessig**
**50 g Pinienkerne**
**30 g Fichtenspitzen**
**20 g Zirbenzapfen**
**20 g Lärchenzweige**

Gehackte Pinienkerne mit Essig ansetzen. Da die einzelnen Pflanzen nicht gleichzeitig geerntet werden können, erfolgt der Ansatz über mehrere Wochen hinweg. Die Zirbenzapfen im Sommer sind die letzten.
Ansatz: etwa 14 Tage ab Zusatz der letzten Zutat, danach abseihen und in Flaschen füllen.
Eigenschaften: Der Duft verschiedener Waldpflanzen harmoniert ideal zu italienischen Salaten und würzigen Sommersalaten.

## Fruchtaromaessig

Die Gruppe der Fruchtaromaessige ist besonders für Salate interessant. Derzeit sind meist nur Himbeer- oder Walnussessig in Feinkostläden zu finden, dabei ergeben viele andere Früchte eine spezielle Farbe und vor allem einen eigenständigen, typischen Geschmack. Die Essige, die derzeit von der Industrie angeboten werden, sind in vielen Fällen künstlich aromatisiert. Wenn wir unseren Essig selbst ansetzen, fällt die künstliche Aromatisierung weg. Das natürliche Aroma erscheint zwar manches Mal etwas verhaltener, aber dafür sind die Produkte fruchtiger. Wichtig ist für den Verkauf bei allen Ansätzen mit Früchten, dass der Essig mindestens 7 % Säure aufweist, um später den gesetzlichen Mindestwert von 5 % nicht zu unterschreiten. Damit das Aroma intensiv in den Essig übernommen wird, können die Essige langsam auf 40 °C erhitzt werden. Der Ansatz kühlt dann allmählich aus. Damit verkürzt sich manchmal auch die Ansatzzeit.

Die im Handel erhältlichen Fruchtaromaessige sind meist künstlich aromatisiert

### Apfel-Zimtrinden-Essig

**1 l Apfelessig**
**200 g Apfelscheiben**
**0,2 Liter Apfelsaft**
**10 Zimtrinden**

Zimtrinden grob zerstoßen, mit Apfelessig, Apfelscheiben und Apfelsaft ansetzen.
Ansatz: mindestens 3 Wochen.
Eigenschaften: hervorragend zu verschiedensten Pasteten, zur Abrundung von Salaten.

### Birnen-Preiselbeer-Essig

**1 l Birnenessig**
**200 g Preiselbeeren**
**50 g Blütenhonig**
**1 Zimtstange**

Sämtliche Zutaten mit Birnenessig übergießen.
Ansatz: 4 Wochen im Kühlen, Zimtstangen als Garnierung in die Flaschen geben.
Eigenschaften: leicht süßlich, mild, leicht adstringierende Wirkung durch die Preiselbeeren; für Pasteten und milde Gerichte.

### Brombeer-Zitronenmelissen-Essig

**1 l Weißweinessig**
**150 g Brombeeren**
**40 g Zitronenmelisse**
**10 Stück Gewürznelken**

Gewürznelken grob zerstoßen, gemeinsam mit den restlichen Zutaten mit Essig übergießen. Dieser Essig schmeckt ohne Erwärmung nur sehr verhalten nach Brombeeren.
Ansatz: mindestens 5 Wochen.
Eigenschaften: intensiv dunkle Farbe, hervorragend für Salate und zum Würzen spezieller Saucen.

## Erdbeeressig

**1 l Apfelessig**
**200 g Walderdbeeren**
**20 g Zucker**

Am besten wird der Essig mit echten Walderdbeeren, die meisten Kulturerdbeeren haben zu wenig Aroma. Zucker im Essig vollständig lösen, über die Erdbeeren gießen. Der Zucker dient hier als Puffersubstanz für die Säure der Erdbeeren.
Ansatz: ca. 5 Wochen.
Eigenschaften: Walderdbeeren besser nicht als Dekoration für den fertigen Essig verwenden, da diese unansehnlich werden.

## Heidelbeer-Wacholder-Essig

**1 l Weißwein- oder heller Apfelessig**
**100–200 g Waldheidelbeeren**
**40 g Wacholderbeeren (getrocknet)**
**15 g Waldhonig**

Wacholderbeeren im Mörser grob zerstoßen, mit den restlichen Zutaten vermengen. Honig vorher unbedingt in einer kleinen Menge warmen Essigs auflösen.
Ansatz: 4 Wochen, der Essig ist dann fast schwarz.
Eigenschaften: leicht bitter; verleiht vielen Fleischspeisen einen herben Ton, hervorragend zum Aufgießen von Wildragout und für spezielle Saucen.

## Himbeeressig

**1 l Rotwein- oder Weißweinessig**
**100 g frische Himbeeren**

Himbeeren entweder direkt in die Flaschen geben oder mit dem Essig in einem Großbehälter ansetzen. Bei dieser Variante kann auch noch kaltgepresster Himbeersaft zur Färbung zugesetzt werden.
Ansatz: ungefähr 2 Wochen, evtl. zur Dekoration Früchte in die Flaschen geben.

## Weichsel-Pflaumen-Essig

**1 l Weißwein- oder einer der namensgebenden Vollfruchtessige**
**200 g Weichseln (Sauerkirschen)**
**150 g Pflaumen**
**1 Zimtstange**
**30 g Blütenhonig**

Die frischen Weichseln werden mit dem Essig und der Zimtstange so lange angesetzt, bis es frische, reife Pflaumen gibt. Dann werden die Weichseln entnommen (sie können noch in Essig als Garnierung eingelegt werden), und die Pflaumen werden mit dem Essig übergossen. Die Zimtstange muss beim Früchtewechsel ebenfalls herausgenommen werden, damit der Zimtton nicht überwiegt.
Ansatz: 4 Wochen nach Pflaumenzugabe, mit dem Honig abrunden.

## Nussessig

**1 l Apfelessig**
**200 g Wal- oder Haselnüsse**
**etwas Zimt**

Je nach Geschmacksrichtung können alle heimischen Nussarten, wie Haselnuss oder Walnuss, verwendet werden.

Nüsse schälen und grob zerkleinern, mit dem Essig langsam auf 40 °C erwärmen. Der Zimt kann als Abrundungsmittel verwendet werden; dies ist allerdings nicht unbedingt notwendig. Eine weitere Aromatisierung mit Nussöl führt zwar zu sehr intensiven Produkten, ist aber nicht immer erforderlich.
Ansatz: je nach gewünschter Intensität 2–8 Wochen, danach filtrieren.
Eigenschaften: milde Spezialität für ausgefallene Salate, zum Würzen von Süßspeisen.

Die hier beschriebenen Rezepte stellen keinen Anspruch auf Vollständigkeit. Ihrer eigenen Phantasie bleibt es überlassen, noch weitere Kräuter- und Geschmackskombinationen zu entdecken. Scheuen Sie sich nicht, auch einmal „verrückte" Kombinationen auszuprobieren!

## Sauerkonserven mit Essig – Einige Spezialitäten

Da es bei den Sauerkonserven eine Vielzahl an Rezepten gibt, sollen hier nur einige wenige beschrieben werden. Wie beim Ansetzen von Essig, sind auch hier der Phantasie des Produzenten keine Grenzen gesetzt.

### Essiggurken

**Frische, kleine Einleggurken**
**Essig**
**Senfkörner, Dill, Estragon oder andere Kräuter je nach Geschmack**

Frische Gurken 24 Stunden wässern, um ihnen alle Bitterstoffe zu entziehen. Danach in Gläser füllen, ohne große Zwischenräume zu belassen. Je nach gewünschtem Geschmack können Senfkörner, Dill, Estragon oder auch Zwiebeln und andere Kräuter dazwischen gegeben werden. Diese Zugaben dienen dazu, den Geschmack etwas zu verfeinern und ihnen die „persönliche" Note zu verleihen. Anschließend wird der zumeist auf ungefähr 4 % verdünnte Essig über die Gurken gegossen. Die Gläser werden fest verschlossen, und das Ganze wird dann mindestens 20 Minuten bei 90 °C gekocht. Anschließend aus dem Wasser nehmen und möglichst schnell auskühlen lassen.

### Senfgurken

**Reife Gurken**
**Apfelessig mit mind. 7 % Säure**
**Salz**
**Gelbe Senfkörner**

Werden bei Essiggurken vorwiegend kleine Gurken verwendet, so nehmen wir hier große, reife Gurken, die allerdings noch nicht überreif sein dürfen. Senfgurken werden weniger als Dekoration verwendet, sondern mehr als Zuspeise gegessen, da sie zumeist milder als Essiggurken sind.

Gurken schälen, entkernen und in so lange Stücke schneiden, dass sie später aufrecht stehend in das Glas passen. Ihre Stärke sollte zwischen drei und fünf Zentimeter betragen. Gurken in ein Gefäß legen, mit Salz bestreuen, über Nacht stehen lassen, um überschüssiges Wasser zu entziehen. Anschließend abtrocknen und stehend in Gläser füllen. Die Senfkörner werden zusammen mit dem Essig über die Gurken geleert, anschließend je nach Größe der Gurken mindestens 25 Minuten bei 85 °C kochen. Dabei ist die Kerntemperatur wichtig. Je größer die Gurkenteile sind, desto länger ist die hohe Temperatur zu halten. Die Innentemperatur der innersten Gurke muss für zwei Minuten mindestens 80 °C erreichen. Nach dem Erhitzen sofort wieder rückkühlen!

## Zwiebelgurken

**Kleine Einleggurken**
**Perlzwiebeln**
**gelbe Senfkörner**
**einige Pfefferkörner**
**Apfelessig mit mind. 7% Säure**

Zwiebelgurken sind eine verfeinerte Form von Essiggurken, bei denen als geschmacksverbessernde Zusätze entweder Zwiebelringe oder, je nach Belieben, Perlzwiebeln mit den Gurken eingelegt werden. Durch die Kombination wird einerseits der Zwiebelgeschmack etwas verringert, und andererseits erhalten die Gurken ein feineres Aroma. Praktisch ist dies, wenn zur Dekoration Perlzwiebeln und Essiggurken gewünscht werden.

Gurken 24 Stunden vorwässern, um den möglicherweise bitteren Ton zu beseitigen. Zwiebeln schälen und dann zusammen mit dem verdünnten Essig (meist Essig zu Wasser 1:1, wenn der Essig mindestens 7 % Säure hat) und den Gewürzen über die Gurken gegeben. Anschließend bei ungefähr 90 °C mindestens 25 Minuten lang im Wasserbad kochen.

## Eingelegte Paprika

**Frische Paprika – rot oder gelb**
**Salz**
**Apfelessig**

In vielen Ländern werden gelbe und rote Paprika – im Ganzen oder geschnitten – in Essig konserviert. Sie müssen allerdings vor der Verarbeitung immer blanchiert werden, damit die Haut nach dem Kochen nicht in Stücken abgeht und somit unansehnlich aussieht.

Paprika nach der Ernte einige Tage abliegen lassen. Vor der Verarbeitung ungefähr drei Minuten in kochendem Wasser blanchieren. Nach der Rückkühlung in kaltem Wasser kann problemlos die Haut entfernt werden. Paprika in Streifen schneiden und mit dem gesalzenen Essig übergießen. Je nach Geschmacksrichtung kann der Salzgehalt variieren. Anschließend werden die Gläser verschlossen und mindestens 20 Minuten bei 90 °C sterilisiert.

## Rote Rüben in Essig

**Rote Rüben**
**Weißweinessig**
**Kümmel, Pfeffer, Salz**

Rübenblätter durch Abdrehen entfernen. Anschließend die Rüben waschen und würfelig, blättrig oder in Streifen schneiden. Dann die verdünnte Essiglösung mit den Gewürzen darüber gießen, verschließen. Mindestens 30 Minuten bei 90 °C erhitzen.

## Tomaten in Essig

Bei Tomaten können grüne und rote Früchte eingelegt werden. Besonders Kirschtomaten eignen sich zum Einlegen hervorragend und ergeben sehr dekorative, wohlschmeckende Beilagen.

Tomaten waschen und von den Kelchblättern befreien. Wichtig ist, dass sie nicht überreif sind, damit sie nicht zerkochen. Kirschtomaten werden im Ganzen eingelegt, große Früchte entweder geachtelt oder in etwa 1 cm dicke Scheiben geschnitten. Anschließend in Gläser füllen und mit dem gesalzenen Essig übergießen. Pfefferkörner werden schichtweise ins Glas gegegeben, um den Geschmack abzurunden. Die Kochzeit beträgt je nach Größe der Tomaten zwischen 15 und 30 Minuten bei 90 °C.

**Apfelessig**
**grüne oder rote Tomaten**
**Zwiebelringe**
**Salz**
**grüne Pfefferkörner**

## Süsssaure Cocktailtomaten

Frische Cocktailtomaten können so für den Winter haltbar gemacht werden. Durch den Apfelessig kommt es zu einem intensiven Geschmack.

Zuerst den Apfelsaft auf ein Drittel des Volumens durch Kochen reduzieren. Anschließend Essig und Gewürze zusetzen und aufkochen lassen. Die gewaschenen Cocktailtomaten in Gläser füllen und mit der Ansatzlösung übergießen. Verschließen und bei etwa 90 °C für 15 Minuten konservieren. Achtung: Die Zeit ist von der Größe der Gläser abhängig.

**1 l Apfelessig**
**500 g Cocktailtomaten**
**3 g Basilikumblätter**
**1 l Apfelsaft**
**1 Zimtstange**
**10 g Senfkörner**
**1 Chilischote**

## Schwarzwurzeln mit Ginsengessig

Schwarzwurzeln
Apfelessig
Ginseng
Salz

Schwarzwurzeln zählen nach wie vor zu den exotischen Gemüsearten, obwohl sie in früherer Zeit viel häufiger angebaut wurden. In Verbindung mit Essig, der mit Ginseng angesetzt wurde, erhalten sie einen sehr harmonischen, etwas bitteren Ton.
Schwarzwurzeln waschen, schälen und in ungefähr 3–4 cm lange Stücke schneiden. Mit Salz überstreuen und zirka sechs Stunden entwässern. Dann in Gläser füllen und mit dem herb–würzigen Ginsengessig übergießen. Die verschlossenen Gläser werden 25 Minuten bei 90 °C sterilisiert. Hier ist die Rückkühlung besonders wichtig, damit die Wurzeln nicht zu weich gekocht werden. Dieser Essig harmonisiert besonders gut mit dunklen Fleischsorten, Fondues und Saucen, aber auch mit Fischgerichten und Meerestieren.

## Eingelegter Sellerie

1 l Apfelessig
450 ml Wasser
500 g Knollensellerie
5 g Pfefferkörner weiß
5 g Koriander
10 g Ingwer
10 g Senfkörner
5 g Salz

Sellerie als Wintergemüse ist auf diese Art das ganze Jahr über verfügbar. Der intensive Geschmack bereichert Jausen und gekochte Speisen in vielerlei Hinsicht.

Sellerie waschen, schälen und in etwa 1 cm große Würfel schneiden. Die Aufgusslösung aus den weiteren Zutaten auf etwa 50 °C erwärmen und über die in Gläser gefüllten Selleriewürfel schütten. Etwa 30 Minuten bei 95 °C pasteurisieren.

## Zucchini-Knoblauch

400 ml Weinessig
300 ml Wasser
3 Stück gelbe Zucchini
5 Knollen Knoblauch
10 g Senfkörner
3 g Korianderkörner
2 g Wacholderbeeren
10 g Salz

Diese Kombination schmeckt nicht nur gut, sondern ist auch sehr hübsch anzusehen. Vor allem, wenn gelbe Zucchini verwendet werden, ergibt sich ein sehr buntes Bild.

Gewürze mit Essig und Wasser zu einem Aufguss aufkochen. In der Zwischenzeit die Knoblauchzehen schälen und Zucchini in etwa gleich große Würfel wie die Knoblauchzehen zerkleinern. Diese nun schichtweise in die Gläser füllen und mit der Aufgusslösung übergießen. Etwa 20 Minuten bei 90 °C haltbar machen.

## Süßsaures Kirschenkompott mit Ingwer und Quittenessig

**1 kg Kirschen**
**120 ml Quittenessig**
**200 ml Wasser**
**1 kleine Ingwerknolle**
**200 g Zucker**

Dieses Kompott passt ausgezeichnet zu Käse und zur deftigen Jause sowie als Dekoration zu Süßspeisen. Der Geschmack ist intensiv fruchtig mit leichter Schärfe.

Kirschen entsteinen und dicht in Gläser füllen. Den Quittenessig (ca. 120 ml) mit Wasser und Zucker versetzt aufkochen. Die Ingwerknolle in etwa 4 mm große Würfel schneiden, in das Zuckerwasser geben und vor dem Verteilen auf die Gläser kurz aufwallen lassen. Anschließend den Sud über die Früchte gießen und etwa 12 Minuten bei 90 °C im Wasserbad kochen. Aus dem Wasser nehmen und auskühlen lassen.

## Mangokompott mit Basilikum und Zuckerrohressig

**4 große reife Mangos**
**0,5 l Wasser**
**Basilikumblätter**
**100 ml Zuckerrohressig**
**150 g Zucker**

Ein exotisches Kompott, das sehr einfach selbst hergestellt werden kann. Statt Zuckerrohressig kann auch selbst erzeugter Weinessig verwendet werden.

Mangos schälen, Fruchtfleisch vom Stein lösen. In etwa 3 cm große Stücke schneiden und dicht in vorbereitete Gläser geben. Basilikumblätter über die Gläser verteilen. Den Zuckerrohressig mit etwa einem halben Liter Wasser aufkochen und den Zucker darin lösen. Diese warme Lösung gleichmäßig über die Früchte verteilen und die Gläser verschließen. Bei 90 °C etwa 14 Minuten im Wasserbad kochen.

# Die Senfbereitung



Senf (Mostrich) zählt heute als Würze vieler Fleischgerichte und Saucen zu einem der feinsten Produkte unserer Küche. Durch die große Auswahl an Senfsorten und Spezialitäten, die derzeit in den Geschäften angeboten wird, werden praktisch alle Geschmacksrichtungen abgedeckt.

Der Name „Senf" kommt vermutlich aus dem Ägyptischen und gelangte über das griechische und lateinische „sinapi" zu uns. Senf wird aus einer der vielen verschiedenen Senfsamenarten hergestellt.

Viele Senfarten können vom Essigproduzenten oder im eigenen Haushalt hergestellt werden, wobei eine so feine Vermahlung wie in der Industrie oft nicht möglich ist. Das schadet dem Senf aber keineswegs und verleiht ihm einen eigenständigen Charakter.

Auch weniger fein vermahlene Senfsamen beeinträchtigen nicht die Qualität

# Senfsamen

Senf gehört botanisch zur großen Gruppe der Kreuzblütler oder *Cruciferae*. Die Senfpflanze ist eine krautige einjährige Pflanze, die eine Höhe von 1 bis 1,5 Meter erreicht und gelb blüht. Die Blüten sind endständig, und aus ihnen entwickeln sich Schoten, die den Samen enthalten, bei Vollreife aufspringen und den Samen ausstreuen. Beim großflächigen Senfanbau werden die Pflanzen am Morgen geschnitten und anschließend vorgetrocknet, so dass der Samen erst bei der Aufsammelstelle abfallen kann. Die meisten Brassica- oder Senfsamen haben einen Durchmesser zwischen 1 und 2,5 mm. Senfsamen sind kugelförmig und weisen an der Stelle, an welcher der Keimling liegt, einen kleinen Höcker auf. Die Keimblätter, die sich unter der festen Hülle befinden, sind sehr fettreich und stellen den größten Teil des Senfkornes dar. Wir kennen verschiedene Senfsamenarten, die nach ihrer Farbe oder Herkunft unterschieden werden. Allerdings ist dies nur für den Handel mit Senfsamen wichtig.

Grundsätzlich werden zwei große Gruppen unterschieden:

- Weißer oder Gelber Senf aus dem Samen von *Sinapis alba L.*
- Schwarzer oder Brauner Senf aus verschiedenen *Brassica*-Arten

*Gelber Senf, Brauner Senf und Senfpulver*

## Weißer Senf

Weißer Senf unterscheidet sich vom Schwarzen nicht nur durch die helle, weiße, gelbliche bis rötlichweiße Farbe, sondern auch durch die Größe der Senfkörner. Diese beträgt zwischen 2 und 2,5 mm. Die Samen erscheinen unter der Lupe an der Oberfläche glatt. Die oberste Haut quillt beim Einweichen im Wasser auf, und es entsteht eine dicke, weißliche Schleimschicht, die ebenfalls als Merkmal zu bewerten ist. Beim Riechen sticht Weißer Senf nicht in der Nase, da das Senföl, welches bei der Verarbeitung entsteht, nicht flüchtig ist. Senfarten aus dieser Senfsorte schmecken nur scharf.

Weißer Senf ist deutlich schärfer als schwarze oder braune Sorten

## Schwarzer oder Brauner Senf

Bei den dunklen Senfsorten werden verschiedene Arten gehandelt. Die wichtigsten Herkunftsgebiete und Typen sollen hier aufgezählt werden, obwohl bei der Verarbeitung nur geringe Unterschiede wahrnehmbar sind.

*Brassica nigra*, der auch noch als Brauner, Grüner oder Schwarzer Senf bezeichnet wird, wird vorwiegend im Mittelmeergebiet und in gemäßigten Zonen angebaut.

*Brassica juncea* stammt hauptsächlich aus Rumänien, Bulgarien und Russland; er gelangt bei uns als Sarepta-Senf oder rumänischer Braunsenf in den Handel.

*Brassica cernua*, als chinesischer oder japanischer Senf bezeichnet, kann seine Herkunft schon wegen seines Namens nicht verbergen. Er schmeckt etwas weniger scharf.

*Brassica integrifolia* oder indischer Braunsenf stammt aus dem Vorderen Orient (bis Indien) und ist durch intensive Schärfe gekennzeichnet. Er wird zumeist unter dem Namen „Rai" gehandelt.

Allen diesen botanisch unterschiedlichen Arten ist ein gemeinsames Aussehen gegeben. Die Körner sind zwischen 1 und 2 mm groß, wobei die Sareptasamen den größten Korndurchmesser aufweisen. Farblich gibt es rotbraune bis beinahe schwarzbraune Arten, die eine sehr starke Netzung an der Oberfläche aufweisen.

Bei der Eigenproduktion von Senf ist auf die Reinheit der Senfsaat zu achten, da heimische Pflanzen sehr leicht eine Verunreinigung mit anderen Samen mit sich bringen können. Dazu zählen besonders der Ackersenf (*Sinapis arvensis*), die Rüpsen (*Brassica rapa*) und der Raps (*Brassica napus*), die recht häufig als Vorfrucht oder Ölfrucht angebaut werden. Die Samen dieser Arten sind den Senfsamen sehr ähnlich, allerdings entfalten sie bei der Verarbeitung keine Senföle, so dass der typische Geruch und Geschmack von Senf nicht erreicht werden. Der Senf wäre dann verfälscht, da die Samen der letztgenannten Pflanzen bei Weitem billiger sind als Senfsamen.

Ackersenf- und Rapssamen gehören nicht in die Senftube

## Inhaltsstoffe

Je nach Senfsamenart enthält Senf verschiedene Inhaltsstoffe. Die wichtigsten davon sollen im Folgenden aufgezählt werden, ohne dass auf ihr Entstehen während der Produktion eingegangen wird:

- Öle
- Proteine
- Schleimstoffe
- Myrosinase
- Sinalbin
- Sinigrin

### Öle

Alle Kreuzblütlersamen, zu denen die Senfkörner aus botanischer Sicht gehören, enthalten Öl. Das bekannteste ist das Rapsöl. Der Ölgehalt von Senfsamen liegt bei 25–35 %. Senföl ist geschmacklos. Da es die Verarbeitung erschwert, wird es bei einigen Verfahren vor der Verarbeitung abgepresst. Das Öl enthält besonders viele Triglyceride und Erucasäure, wodurch es dem Rapsöl sehr ähnlich wird. Senföl hat eine gelbe Farbe und besonders viel Vitamin E (Tocopherol), welches das Ranzigwerden verhindert. Solange das Öl bei den Senfsamen belassen wird, wirkt es wie ein Antioxidans und verhindert einen Qualitätsverlust durch Geschmacksveränderung der Samen. Ranzige Samen sind für die Senfproduktion nicht geeignet.

Senföl wirkt durch seinen hohen Vitamin E-Gehalt als Antioxidans

### Proteine

Proteine oder Eiweißverbindungen sind die zweite große Inhaltsstoffgruppe im Senf. Sie können allerdings sensorisch nicht wahrgenommen werden. Sie haben bei den Senfkörnern und vor allem beim Senfmehl aber die Eigenschaft der hohen Wasserbindefähigkeit, die bis zum Vierfachen der Menge betragen kann, was sich besonders bei zu dünn bereitetem Senf sehr positiv auswirken kann. Stärke kommt im Senfsamen nicht vor, so dass bei Nachweis von Stärke im Senf eine Verfälschung durch fremde Samen oder Mehl vorliegt.

### Schleimstoffe

Dieser Schleim, der durch Aufweichen der Epidermis entsteht, ist vollkommen geschmacksneutral und beeinträchtigt die Verarbeitung in keiner Weise. Er tritt besonders bei den weißen oder gelben Senfsamen auf. Braune und schwarze Samen enthalten nur einen unmerklichen Teil an Schleim.

### Myrosinase

Dieses Enzym ist der wichtigste Stoff der Senfpflanze, da es bei Feuchtigkeitsberührung erst die stechend scharf schmeckenden Senföle freisetzt. Ohne dieses natürliche Enzym wäre die Senfproduktion nur erschwert möglich.

Durch das Enzym Myrosinase und Feuchtigkeit werden die Senföle freigesetzt

### Sinalbin

Sinalbin ist ein Senfölglucosid, welches bei Weißem Senf vorkommt. Durch das Enzym Myrosinase wird Sinalbin bei Flüssigkeitszusatz in Form von Essig, Wein oder Wasser zu den vermahlenen Senfkörnern in p-Hydroxybenzylsenföl und weitere Stoffe gespalten. Dieser Stoff ist nicht flüchtig, das heißt er kann nicht gerochen werden, ist aber sehr scharf. Als weiterer seiner Vorteile ist zu nennen, dass er nicht zerfällt, die Schärfe also auch bei längerer Lagerung erhalten bleibt. Gleichzeitig soll der Stoff Sinalbin auch eine bakterizide Wirkung haben, das heißt, er verhindert das Auftreten von Bakterien.

### Sinigrin

Sinigrin tritt bei Schwarzem Senf auf, und es entsteht nach Spaltung mit dem Enzym Myrosinase Allylsenföl. Dieses ätherische Öl ist wasserunlöslich und sehr leicht flüchtig, weshalb es auch im Senf relativ schnell abnimmt. Gleichzeitig verleiht es ihm einen stechenden Geruch. Dieses Senföl verflüchtigt sich besonders leicht beim Erhitzen, wo es an Wasserdampf gebunden wird. Soll es im Senf verbleiben, so ist dieser unbedingt in einem geschlossen Gefäß zu erhitzen. Reines Allylsenföl ist eine stechend riechende, farblose Flüssigkeit, welche die Tränensekretion anregt.

## Senfarten im Handel

### Tafelsenf

Tafelsenf wird nur aus wenigen Bestandteilen hergestellt, was sich auch im zumeist recht niedrigen Preis niederschlägt. Die Zutaten sind Senfsaat, Essig, Salz, Gewürze und Wasser. Die Senfsamen sollten möglichst fein vermahlen werden, wobei ein Mahlgrad unter 30 mm angestrebt wird. Größere Partikel stammen aus den Schalen der Senfsamen, sollten aber für gewöhnlich nicht vorkommen. Tafelsenf schmeckt vielfach nicht ganz rund und vorwiegend scharf. Er wird hauptsächlich für Saucen und zum Verkochen verwendet.

Billiger Tafelsenf wird vor allem für Saucen und zum Verkochen verwendet

### Estragonsenf

Estragonsenf besteht mehrheitlich aus gelben Senfsamen. Der Mahlgrad liegt ebenfalls wieder zwischen 30 und 40 mm, und Estragonsenf ist durch eine glatte, pastöse Konsistenz erkennbar. Sein Geruch erinnert sehr stark an Essig mit einem würzigen Unterton. Der Geschmack dieses Senfs ist würzig-aromatisch bei nur geringer Schärfe. Besonders der salzige Grundgeschmack ermöglicht das einfache Erkennen. Er eignet sich für beinahe alle Speisen und besonders für Personen, denen viele andere Senfarten zu scharf oder zu süß sind.

### Kremsersenf

Der milde Kremsersenf wird hauptsächlich aus dunklen Senfsamen hergestellt

Kremsersenf wird hauptsächlich aus dunklen Senfsamen hergestellt. Dabei wird der Senfsamen mit Gärungsessig, zumeist Weinessig, vorgequollen und erst anschließend vermahlen. Der Mahlgrad liegt um einiges höher als beim Estragonsenf, so dass die dunklen Schalenteile noch erkennbar sind. Durch den hohen Zuckeranteil schmeckt Kremsersenf zumeist süßlich und mild. Das Allylsenföl der schwarzen Senfsamen entweicht bei der Verarbeitung. Je nach gewünschter Schärfe können auch weiße Körner mitverarbeitet werden, jedoch sollte Kremsersenf immer mild schmecken.

### Dijonsenf

Dijonsenf wird aus nicht entölten schwarzen (braunen) Senfsamen oder nicht entölten Samen von Sareptasenf mit Gärungsessig und Kochsalz hergestellt. Die Samen werden mit Gärungsessig, zumeist Weinessig, vorgequollen, aufgebrochen, durch Passieren von den Schalenteilen befreit und nach dem Versetzen mit Kochsalz und geschmackgebenden Zutaten einem Reifeprozess unterzogen. Dijonsenf hat zumeist eine hellgelbe Farbe und weist einen sehr scharfen und deutlich salzigen Geschmack auf. Der Name Dijon (sprich: dischoh) ist von der französischen Stadt abgeleitet, die eine besonders lange Senftradition aufweist. Dijonsenf ist auch die fettreichste Art, die bei uns angeboten wird.

### Sareptasenf

Sareptasenf wird nur aus Sareptasamen, Weinessig, Salz, Zucker und Gewürzen hergestellt. Er weist einen weniger pastösen Charakter und keine Schalenteile auf. Zumeist wird der Samen vor der Verarbeitung geschält, aber nicht entölt. Sareptasenf hat einen eher milden Geschmack mit einer würzigen Note nach Essig.

### Englischer Senf

Der Name „englisch“ wird für scharfe Senfarten verwendet, bei denen die Gesamtschärfe durch Senfsamen erreicht wird. Zumeist wird dieser Senf mit Zucker abgerundet, so dass er süßlich-scharf schmeckt. Andere Stoffe sollten nicht als Schärfebildner eingesetzt werden. Wenn zum Beispiel Pfeffer oder Chili zugesetzt werden, so darf die typische Senfschärfe davon nicht überdeckt werden. Hauptsenfsorte ist dunkler Senf, er wird allerdings, um die Schärfe länger zu bewahren, mit gelbem Senf gemischt.

Der typische Senfgeschmack sollte nach Möglichkeit nicht völlig überdeckt werden

Andere Senfarten, wie Grill-, Puszta und Zwiebelsenf, Kren- oder Meerrettichsenf, Knoblauchsenf, Pfeffersenf und wie sie alle heißen, sind Gewürzsenfarten, die zumeist eine Mischung von verschiedenen Senfsamen repräsentieren. Ihr Geschmacksbild wird hauptsächlich durch die zugesetzten Gewürze bestimmt, die vielfach den typischen Senfgeschmack überdecken.

## Verfahren der Senfbereitung

Bei der Senfbereitung werden hauptsächlich zwei Verfahren unterschieden:

### Das Bordeaux- oder Deutsche Verfahren

Dabei werden nichtentölte Senfsamen gereinigt und von jeglichen Fremdbestandteilen befreit. Je nachdem, welche Senfsorte produziert werden soll, werden die verschiedenen Arten von Senfsamen gemischt. Zumeist werden Braunsenf und Gelbsenf verwendet, um ein harmonisches Geschmacksbild zu erreichen. Der nächste Arbeitsschritt ist das grobe Zerkleinern oder Schroten der Senfkörner. Dies kann mit einer kleinen Getreidemühle oder einer Hammermühle geschehen. Oft genügt auch schon das Quetschen der Senfkörner, um den Aufschluss zu ermöglichen. Die zerkleinerten Senfkörner werden abgewogen und in einem Maischebehälter angesetzt. Der Ansatz des „Senfmehles“ erfolgt unter Zugabe von Wasser oder Wein, Essig (Gärungs- oder Säureessig), Kochsalz und gegebenenfalls Zucker sowie anderen geschmackgebenden Zutaten. Die Ansatzzeit beträgt in etwa zwei Stunden, wobei regelmäßig gerührt werden sollte. Nach dieser Zeit wird die Senfmaische vollkommen fein vermahlen. Der Mahlgrad von etwa 30 mm sollte erreicht werden, was allerdings nur mit Korundscheibenmühlen möglich ist. Im Haushalt kann dies durch längere Mixzeit nur annähernd erreicht werden, so dass eine besonders feine Vermahlung schon vor dem Einmaischen bessere Erfolge bringt. Anschließend wird der Senf in Behälter gefüllt. Senfsorten mit geringer Haltbarkeit sollten unter ständigem Rühren erhitzt und erst dann in die Behälter gefüllt werden.

Bei diesem Verfahren werden die Senfkörner besonders fein vermahlen

Dijonsenf muss nach dem Eindicken einige Stunden bis mehrere Tage lang reifen

### Das Dijonverfahren

Das Dijonverfahren unterscheidet sich vom Deutschen Verfahren durch die Verwendung einer Passierlinie, mittels derer alle groben Teile entfernt werden können. Bei dieser Senfart werden nichtentölte, schwarze (braune) Senfsamen oder nichtentölte Samen von Sareptasenf verwendet. Die noch nicht zerkleinerten Senfsamen werden mit Gärungsessig ungefähr zwei bis drei Stunden vorgequollen. Hierauf werden die ganzen Körner in einer Walzenmühle aufgebrochen. Der nächste Schritt ist der Passiervorgang, bei welchem die Samen von allen Schalenteilen befreit werden. Erst dann werden Kochsalz und die geschmackgebenden Zutaten dazu gegeben. Dann wird alles gründlich durchmischt, eventuell erwärmt und eingedickt. Für den anschließenden Reifeprozess muss der Senf auskühlen und danach wenige Stunden bis zu mehreren Tagen stehen bleiben. Je nach gewünschter Konsistenz dauert auch die Eindickzeit unterschiedlich lange. Die meisten Dijonsenfarten sind in ihrer Konsistenz etwas dicker als Senfarten nach dem Deutschen oder Bordeaux-Verfahren.

## Abfüllung und Verkauf von Senf

Wer Senf verkaufen möchte, muss sich ebenfalls – wie beim Essig – an das Österreichische Lebensmittelbuch und an die Lebensmittelkennzeichnungsverordnung halten. Die Bestimmungen sind genauso wie bei Essig zu handhaben. Die Essigart muss in der Zutatenliste genannt werden.

# Senfrezepte

Die folgenden Rezepte sind wieder nur einige Beispiele und können je nach Geschmacksrichtung selbständig verfeinert oder mit anderen Zutaten versehen werden. Falls nicht anders angegeben, beträgt die Haltbarkeit bei kühler und dunkler Lagerung jeweils ca. sechs Monate.

## Einfacher Senf

**300 g Senfmehl**
**0,75 l Apfelessig**
**2 Esslöffel Zucker**
**1 Teelöffel Salz**
**etwas Pfeffer**

Dieser Senf ist der sogenannte „Einsteigersenf", da er sehr einfach herzustellen und vor allem durchaus bekömmlich ist.

Senfmehl mit Apfelessig kochen und dann mit den Zutaten vermischen, in einer Schale so lange rühren, bis der Senf völlig erkaltet ist. Erst dann in Ton- oder Glasgefäße abfüllen.

## Gewöhnlicher Senf mit Pfeffer

**400 g gelbe Senfkörner**
**0,25 l Weißweinessig mit min. 7 % Säure**
**0,25 l Wasser**
**1 Esslöffel Salz**
**3 Esslöffel Zucker**
**1 Teelöffel Schwarzer Pfeffer**

Dieser Senf kann besonders für Saucen sehr einfach selbst hergestellt werden. Für spezielle Wurstgerichte oder besondere Speisen ist er allerdings im Geschmack zu wenig raffiniert.

Die Senfkörner zusammen mit dem Pfeffer, falls dieser noch nicht gemahlen sein sollte, im Mörser zerstoßen und fein verreiben, anschließend mit dem Weißweinessig zu einem dicken Brei verrühren, mindestens 60 Minuten stehen lassen. Danach die restlichen Zutaten in den Brei mischen und bei niedriger Hitze langsam zum Kochen bringen. Der Senfbrei muss während des gesamten Kochvorganges gerührt werden, um ein Anbrennen zu vermeiden. Hat der Senf die gewünschte Konsistenz erreicht, kann er in Steingut-, Keramik- oder Glasbehälter abgefüllt werden. Behälter sofort verschließen und so schnell wie möglich abkühlen.

## Süsser Senf

**200 g gelbe Senfkörner**
**200 g Kristallzucker**
**50 g Waldhonig**
**0,5 l Weißweinessig**
**20 g frischer Kren (Meerrettich)**

Je nach Geschmacksrichtung, ergibt süßer Senf oft ein harmonischeres Geschmacksbild als scharfer Senf. Besonders manche Wurstarten (z. B. Weißwurst) und auch bestimmte Fleischspeisen schmecken mit süßem Senf wesentlich besser.

Senfkörner im Mörser zerstoßen und mit Essig ansetzen. Nach ungefähr einer Stunde wird der geriebene Meerrettich zusammen mit der Essig-Senfkörner-Mischung, dem Zucker und dem Honig im Standmixer mindestens zehn Minuten lang gemixt. Anschließend das Ganze langsam erhitzen und bei mindestens 90 °C in die Aufbewahrungsbehälter füllen. Danach möglichst schnell auskühlen.

## Whiskysenf

**400 g gelbe Senfkörner**
**1 l Apfelessig**
**6 cl (1/16 l) Whisky**
**1 Teelöffel Salz**
**etwas Pfeffer**

Diese besondere Spezialität ist durch das rauchige Whisky-Aroma und die leicht alkoholische Note besonders bei festlichen Anlässen sehr willkommen.

Senfkörner fein zerstoßen und mit dem vorher erhitzten Essig vermischen. Nach etwa 20 Minuten Standzeit den Whisky in die noch warme Masse geben und in einer Schüssel kalt rühren, dann in Tongefäße abfüllen. Nach ungefähr zwei Wochen ist der Senf fertig.

## Französischer Sardellensenf

**300 g gelbe Senfkörner**
**0,75 l Apfelessig**
**1 Teelöffel Salz**
**2 Esslöffel Zucker**
**10 passierte Sardellen**
**40 g Honig**
**Estragon und Kerbel zum Würzen**

Besonders geeignet für Fischgerichte und deren Saucen

Senfkörner zerstoßen und mit dem Apfelessig aufkochen, restliche Zutaten dazugeben, unter ständigem Rühren erkalten lassen. Nach etwa sechs Wochen – bei kühler Lagerung – entfaltet sich der Sardellenton vollständig, und der Senf kann genossen werden.

## Englischer Kräutersenf

Dieser sehr intensive Spezial-Kräutersenf kann zu allen Speisen gegessen werden.

Senfkörner in Weinessig und Wasser drei Stunden anquellen, anschließend im Mixer fein vermahlen. Nach weiteren drei Stunden Quellzeit mit allen Zutaten mit Ausnahme des Öles erhitzen. Das Öl beim Auskühlen tropfenweise mit einrühren, bis die Masse cremig ist; in Ton- oder Glasgefäße mit Schraubdeckel füllen.

**300 g gelbe Senfkörner**
**0,25 l Wasser**
**0,25 l Weinessig**
**2 Esslöffel Aceto Balsamico**
**30 g gemischte gehackte Kräuter (Basilikum, Liebstöckel, Estragon, Petersilie, Schnittlauch)**
**2 Teelöffel Salz**
**2 Esslöffel Zucker**
**2 Teelöffel grüner Pfeffer**
**etwas Pflanzenöl**

## Einfacher Dijonsenf

Dijonsenf ist meist besonders scharf, intensiv salzig und säuerlich.

Senfkörner mit Wasser und Essig ansetzen und mindestens 2 Stunden stehenlassen. Dann mit dem Mixer oder einer sehr feinen Passierscheibe zerkleinern. Falls die Masse zu flüssig ist, wird sie bei kleiner Flamme eingedickt und in Steingut- oder Keramiktöpfe gefüllt.

**400 g gelbe Senfkörner**
**0,5 l Weinessig**
**0,5 l Wasser**
**2 Esslöffel Salz**
**1 Knoblauchzehe**
**1/4 Zwiebel**

## Scharfer Senf mit Weisswein

Verfeinert alle Fleischspeisen, besonders Gegrilltes und viele Wurstarten.

Senfkörner im Mörser vollkommen fein zerstoßen und mit dem Zucker verreiben. Anschließend dieses feine Pulver mit der Hälfte des Weines und des Essigs vermischen und mindestens vier Stunden im Kühlen ziehen lassen. Danach die restlichen Zutaten zusetzen, bei geringer Hitze aufkochen und eindicken lassen.
Wichtig ist, dass während der gesamten Kochdauer ständig gerührt wird, um ein Anbrennen zu vermeiden. Den Senf dann in Glas- oder Keramikbehälter füllen, kühl und dunkel lagern – allerdings nicht im Kühlschrank, da der Senf dann zu sehr zum Eindicken neigt. Haltbarkeit: höchstens 3 Monate.

**150 g weiße Senfkörner**
**150 g dunklere Senfkörner**
**80 g Zucker**
**0,25 l Weißwein**
**0,25 l Weinessig mit mind. 6 % Säure**
**1 1/2 Esslöffel Salz**
**Saft einer Knoblauchzehe**
**1/2 Esslöffel Piment**

## Scharfer Senf mit Apfelton

- **300 g gelbe Senfkörner**
- **100 g schwarze Senfkörner**
- **100 g Zucker**
- **0,25 l Apfelessig mit mind. 6 % Säure**
- **0,25 l frischer Apfelwein**
- **1/2 Apfel**
- **1 Esslöffel Meersalz**
- **1 Teelöffel Weißer Pfeffer**
- **1 Teelöffel Piment**

Dieser Senf schmeckt je nach Fruchtigkeit des verwendeten Apfelweines harmonisch und ist für weniger würzige Fleischspeisen hervorragend geeignet.

Pfefferkörner, Senfkörner und Zucker sehr fein vermahlen und verreiben. Dann 4 Stunden mit Apfelwein und Essig ansetzen. Anschließend die gesamte Menge mit dem halben Apfel im Standmixer mindestens zehn Minuten lang mixen. Der restliche Vorgang ist derselbe wie beim scharfen Senf mit Weißwein. Haltbarkeit: ungefähr drei Monate.

## Senf mit Muskat und Wein

- **400 g gelbe Senfkörner**
- **0,25 l Rotweinessig**
- **0,25 l Rotwein**
- **1 Esslöffel Salz**
- **50 g Staubzucker**
- **1 Muskatnuss**

Dieser dunkle Senf eignet sich besonders für die etwas ausgefallenere Küche und hier wiederum sehr gut für Fleischspeisen mit aromatischer Sauce. Er schmeckt aber auch pur zu Fisch- und Lammgerichten.

Senfkörner im Mörser zerstoßen und verreiben, mit Essig und Rotwein ansetzen, mindestens 3 Stunden stehen lassen. Danach mit Salz, Staubzucker und der geriebenen Muskatnuss auf 90 °C erhitzen, abfüllen und verschließen. Haltbarkeit: maximal 6 Monate.

## Kräutersenf

- **400 g gelbe Senfkörner**
- **0,5 l Essig**
- **0,5 l Weißwein**
- **2 Esslöffel Salz**
- **gemischte Kräuter nach Geschmack**

Diese Spezialität passt hervorragend zu Grillspeisen. Je nach gewünschter Geschmacksrichtung können verschiedene Kräuter zugesetzt werden. Um sich von Großproduzenten zu unterscheiden, sollten frische Kräuter verwendet werden.

Senfkörner zerkleinern, mit Essig und Weißwein übergießen und mindestens zwei Stunden bei einer Temperatur von 40 °C einmaischen. Dann die zerkleinerten Kräuter dazu geben, in Gläser füllen. Haltbarkeit: etwa 6 Monate.

## GARTENKRÄUTERSENF

Gartenkräutersenf ermöglicht es, den Senfgeschmack je nach Jahreszeit zu variieren. Die vorgeschlagene Kräutermischung ergibt einen sehr aromaintensiven Senf.

**400 g Senfkörner**
**0,25 l Apfelessig**
**0,25 l fruchtiger Most**
**2 Esslöffel Salz**
**5 g Liebstöckel**
**5 g Oregano**
**1 Knoblauchzehe (zerdrückt)**
**5 g Schnittlauch**
**Zubereitung siehe Kräutersenf**

*Senfsamen ...*

*Zucker ...*

*und Salz ...*

*mit Wasser ...*

*und Essig ...*

*quellen lassen ...*

*fein vermahlen ...*

*Kräuter zugeben ...*

*nochmals mahlen ...*

*in Gläser füllen ...*

*Fertig ist der Senf!*

# Gesetzliche Bestimmungen

## Die gesetzlichen Bestimmungen der Essig- und Senfbereitung

Für den Eigenbedarf gelten die Grundanforderungen im hygienischen Bereich, wie sie auch in jeder Küche notwendig sind. Werden diese Produkte nun in Verkehr gebracht (verkauft, getauscht oder verschenkt), so gelten verschiedene Gesetze, die diesen Verkauf regeln. Neben der Füllmenge, der Kennzeichnung und der Vermarktung sind auch die Herstellung und die Inhaltsstoffe genau geregelt. Da sich diese Gesetze regelmäßig ändern, ist es gut zu wissen, wo aktuelle Informationen abgefragt werden können. Am einfachsten dazu ist das Internet, wo jeweils unter den amtlichen Seiten auch aktuelle Gesetzestexte abgefragt werden können.

In allen europäischen Staaten kann Essig jedoch sehr ähnlich definiert werden. Im Folgenden ein kurzer Auszug aus dem österreichischen Lebensmittelbuch Kapitel B8 Essig und Salatwürze:

### I. Beschreibung

1. Unter Essig versteht man eine zum menschlichen Genuss, insbesondere zum Säuern und Konservieren von Speisen geeignete Flüssigkeit, die entweder durch den Prozess der doppelten Fermentation, nämlich den der alkoholischen und der Essiggärung, oder durch Verdünnen von für Genusszwecke geeigneter Essigsäure mit Trinkwasser hergestellt wird.

2. Bestehen für bestimmte Spezialitäten im Erzeugerland im Zusammenhang mit der handelsüblichen Sachbezeichnung (Verkehrsbezeichnung)

oder auf Grund von Herkunfts-, Ursprungs- oder geographischen Bezeichnungen qualifizierte Anforderungen, so sind diese für die Beurteilung maßgeblich. Zur Information des Verbrauchers werden die für das Produkt maßgeblichen Bezeichnungen in deutscher Sprache, lateinischen Buchstaben und arabischen Ziffern angegeben. Handelsübliche fremdsprachige Bezeichnungen sind als Sachbezeichnung zulässig. Die Herkunft wird durch ein amtliches Ursprungszeugnis nachgewiesen.

3. Damit Essig ausreichend haltbar und nicht nur zum Säuern, sondern auch zum Konservieren geeignet ist, muss sein Gesamtsäuregehalt – als Essigsäure berechnet – mindestens 5 g in 100 ml Flüssigkeit betragen. Die Beschaffenheit des Essigs hängt aber nicht nur von seinem Gehalt an Essigsäure, sondern auch vom Ausgangsmaterial und von allfälligen Zutaten ab. Essig enthält außer Essigsäure nur jene organischen Säuren, die aus dem verwendeten Ausgangsmaterial stammen oder sich bei der Herstellung bilden.

Nachdem in allen Ländern verschiedene rechtliche Bestimmungen herrschen, werden hier die für die Essigerzeugung geltenden Grundgesetze angeführt:

**Europaweit einheitlich:**
CEN Norm Reference number EN 13188:2000

**Deutschland:** Verordnung über den Verkehr mit Essig und Essigessenz vom 25. April 1972 (BGBl. I S. 732), zuletzt geändert durch Artikel 8 der Verordnung vom 22. Februar 2006 (BGBl. I S. 444)"

**Schweiz:** Verordnung des EDI über Suppen Gewürze und Essig vom 23. November 2005, worin auch der Senf geregelt ist.

**Österreich:** Codex Alimentarius Austriacus Kapitel B 8 für die Essigbereitung und Kapitel B 29 für die Senfbereitung.

Selbstverständlich gibt es eine große Anzahl weiterer Gesetze, die hier nicht berücksichtigt werden können. Für Auskünfte sind die jeweiligen Landwirtschaftskammern sowie die untersuchenden Lebensmittelbehörden zuständig.

# Glossar

**Abziehen** Bei der Wein-, Essig-, oder Mosterzeugung: Trennen der geklärten Flüssigkeit vom Bodensatz, der aus Hefezellen, ungelösten Fruchbestandteilen und Trubstoffen (siehe dort) besteht.

**Brix** Eigentlich Grad Brix (°Brix), auch %Brix; Maßeinheit der spezifischen Dichte von Flüssigkeiten, diese wird hauptsächlich im Obst- und Weinbau verwendet; je größer der Brix-Wert, desto höher der Zuckergehalt.

**Essigmutter** Gallertartige Masse aus Essigsäurebakterien, die sich bilden kann, wenn beispielsweise Wein längere Zeit offen stehen bleibt. In der Essigbereitung wird die Essigmutter zum „Impfen" alkoholhältiger Flüssigkeiten verwendet, um die Essigsäuregärung zu beschleunigen.

**Schwefeln** Verlängert die Haltbarkeit von Wein, Trockenobst und Kren (Meerrettich), beeinträchtigt aber auch Geschmack und Qualität. Die Weinschwefelung ist seit der Antike bekannt. Das Schwefeln kann auf mehrere Arten durchgeführt werden, unter anderem auch durch Verbrennen von Schwefel in den leeren Fässern oder durch die Zugabe von verflüssigtem Schwefeldioxid.

**submers** Untergetaucht unter Wasser bzw. in einer Flüssigkeit.

**Tannine** Natürliche Gerbstoffe, die vor allem in Schalen, Kernen und Stielen von Weintrauben, aber auch in manchen Holzarten vorkommen und den Pflanzen zur Schädlingsabwehr dienen. Tannine geben Wein die typisch raue Note von Trockenheit (Astringenz). Tannin kommt auch durch neue Eichenfässer in den Wein, wenn diese nicht vor dem Befüllen weingrün (siehe unten) gemacht wurden.

**Trubstoffe** Schwebstoffe in Getränken, die meist vom Fruchtfleisch oder den Schalen der dafür verwendeten Früchte oder Gemüsesorten stammen. Trubstoffe können beim Vergären alkoholischer Getränke deren Geschmack wesentlich beeinflussen, sind aber im Endprodukt dann meist nicht erwünscht.

**Weingrün machen** Spülen bzw. Wässern von Fässern, Geräten und Gläsern, um den Geschmack des Weines nicht zu verfälschen. Auf diese Weise werden aus neuen Holzfässern vor dem ersten Einsatz die Gerb- und Farbstoffe entfernt (nicht bei Barrique-Weinen).

# Literaturverzeichnis

CAVAZZUTI V.: Aceto Balsamico, Verlag Th. Knaur Nachf., München 1995

EBNER H.: Essig, in Ullmanns Encyklopädie der technischen Chemie, 4. Auflage, Band 11, 41–55. Verlag Chemie, Weinheim 1976

GEISS H. M. K.: Essig Brevier, Ehrenwirth Verlag GmbH, München 1991

GIPS K.: Alles Wissenswerte über Essig, Verlag Numa 1995

HAESELER G.: Essig, in Ullmanns Encyklopädie der technischen Chemie, 3. Auflage, Band 6, 761–777. Verlag Urban und Schwarzenberg, München – Berlin 1955

KLEMER A.: Senfölglucoside, Handbuch der Lebensmittelchemie, 1. Band, Verlag Springer

LANGHAUS E. und SCHLOTTER H. A.: Wie stellt man Weinessig her?, Weinwirtschaft Technik Nr. 8/1992

LEBENSMITTELKENNZEICHNUNGSVERORDNUNG 1993, 72. Verordnung, Bundesgesetzblatt vom 29. Jänner 1993, Wien 1993

ÖSTERREICHISCHES LEBENSMITTELBUCH: Codex Alimentarius Austriacus, Verlag Brüder Hollinek, Wien

SLAMA S.: Mikroflora von Senf und Senfbestandteilen und ihre Auswirkungen auf die Produktqualität, Wien 1992

STAESCHE K.: Senf, Handbuch der Lebensmittelchemie, 6. Band, Verlag Springer

THACKER E: Das große Buch vom Essig, Verlag Reuille, Versoix 1995

WÜSTENFELD H.: Lehrbuch der Essigfabrikation, Verlag Paul Parey, Berlin 1930

# Register

## Essigrezepte

# Senfrezepte

## Aus unserem Programm

ISBN 978-3-7020-1004-1

www.stocker-verlag.com
**Leopold Stocker Verlag**
Graz – Stuttgart

## Aus unserem Programm

ISBN 978-3-7020-1031-7

www.stocker-verlag.com
**Leopold Stocker Verlag**
Graz – Stuttgart